アルトゥール・ショーペンハウアー 著
Arthur Schopenhauer

負けない方法、他二編

Die Kunst, recht zu behalten

マテーシス 古典翻訳シリーズ Ⅷ

高橋昌久 訳

風詠社

目次

思索について

読書について

凡　例

一．本書は底本として *Arthur Schopenhauer, Die Kunst, recht zu behalten*, Anaconda Verlag GmbH, 2012. および Arthur Schopenhauer, *Parerga und Paralipomena Kleine Philosophische Schriften, zweite und beträchtlich vermehrte Auflage, aus dem handschriftlichen Nachlasse des Verfassers*, e-artnow, Kindle Edition, 2014. を用いた。

二．表紙の装丁は川端美幸氏による。

三．本文中において著者のショーペンハウアーは脚注を施しているが、編集部でも読者の便宜を図り注釈を付した。本書ではショーペンハウアーの注を本文中に、編集部の訳注に関しては「編集部注」と冒頭部分に表記したうえで文末脚注にした。

四．本文にはないが訳者が読者の便宜を図って訳文中に挿入したものは【】のかっこにて表示している。なお、（）や［］のかっこはショーペンハウアー自身が用いているものである。

五．本文はドイツ語で書かれているが、古代ギリシア語やラテン語、そしてフランス語も用いられている。これらの外国語も作品の雰囲気を保つためにそのまま翻訳せずに本文中に残し、補足や脚注の形で補って意味を記載した。尚、本作の紙版ではギリシア文字はギリシア文字のまま本文に残してあるが、文末脚注で現代式・再建音式の順番でイタリックにして転写した。尚、ショーペンハウアーが施した脚注の中のギリシア語のラテン文字転写は、現代式の転写のみで記載した。

六．小社の刊行物では、外国語からカタカナに置換する際、原則として現地の現代語の発音に沿って記載している。ただ、本書では訳者の方針から例外的に、古典ギリシアの文物は再建音で記載している（アガピ→アガペーなど）。

七．「訳者序文」の前の文言は、訳者が挿入したものである。

八．本書は京緑社の kindle 版第四版に基づいている。

Demnach, wie zu Turniren nur Ebenbürtige zugelassen wurden, soll zuvörderst ein Gelehrter nicht mit Ungelehrten disputiren

Arthur Schopenhauer "Zur Logik und Dialektik."

従って、馬上競技において対等な者同士のみが試合を行えるように、何よりまず学ある者は無学な者と討論してはならない。

アルトゥール・ショーペンハウアー「論理学と弁証学に寄せて」

訳者序文

『負けない方法』を訳すに至ったのは、ドイツのAmazonページ（www.amazon.de）を眺めていたときだった。ショーペンハウアーの名前（Schopenhauer）を検索すると一番レビュー数が多いものが『意志と表象の世界』（Die Welt als Wille und Vorstellung）でも『幸福について』（Aphorizmen zur Lebensweisheit）でもなくDie Kunst, Recht zu behaltenという作品だったのだ。私はショーペンハウアーが大好きで、全集も持っているのだが、このような作品は見たこともないし、ネットで色々検索しても皆目出てこなかった。もしかすると私の知らないところでどこかに収録されてはいるのかもしれないが、とにかく私がその日本語訳を見ることはなかった。そこで、ちょうど私は翻訳活動を開始しようと思っていて、分量もそんなにはないので思い切ってこの作品を翻訳してみようと思った。社会に対しても有益だろうし、ショーペンハウアーの作品の初翻訳ともなれば世間的な業績も相応にあると判断した。当時は、私はまだ翻訳修行の最中でドイツ語に自信はなかったが、英訳、仏訳はあったので、それら三つを比べながら何とかやっていけるだろうと考えていた。

しかしいざ訳し始めてみると、想像以上にしんどかった。まずざっと見ればわかるが、ラテン語やギリシア語がかなり多く散在している。特にラテン語は当時私が参照していたものの訳がどこにもなかったので、何とか貧弱なラテン語知識も活かしながら訳していかなければならなかった。そして内容もかなり難しかった。哲学なんだから当たり前だろうと言われればそうだが、本書は哲学書でもあり哲学書でもない、何というか変わった作品である。確かに哲学的な要素はある。だがそれは徳、イデア、存在、神、時間や空間、といった哲学史の「本流」とはかなり違う。ショーペンハウアー自身が取り扱った「意志」に関しても、ほとんど出てこない。本書が取り扱っているのは弁論術である。アリストテレスも『弁論術』という作品を出しており、確かに哲学史に基づいてはいる。しかし哲学史を論じた書物（特に一般向け）においてこれらがメインとして取り扱われることはあまりない。言ってしまえば「本流」に対する「支流」である。それ故非常にやりづらかった。

私が文芸社からこの作品の翻訳を出版したときも、全然納得がいっていなかった。非難や中傷を受けてはいないとはいえ、とてもいい翻訳だとは言えないと感じていた。とはいえ、この作品は（おそらく）初訳なので、仮にもこの作品の知名度が広がり、又誰かがたたき台として新たな翻訳を出してくれてもいいと思っていた。

今この訳を読み返して、訳し直しているが、やはりとても褒められた訳ではなかった。あれから語学勉強を積み、翻訳経験も行ってきて幸か不幸かひどい訳があちこちに目についた。だがそれをより改良し、さらに京緑社の方々の助けもありだいぶマシにはなったと思う。

ただ完璧な訳とか自惚れるつもりはなく、いつかは優れた専門家が翻訳するにあたって本書がその助けになってくれればと思う。

負けない方法

後に追記された序論[i]

一．

論理学【Logik】と弁証法【Dialektik】は古代において同一の意味に捉えられていたが、熟考する、考えを練る、考量することを意味するλογίζεσθαι[ii]と、協議することを意味するδιαλέγεσθαι[iii]は、本来は大きく異なる二要素である。「弁証法」【或いは対話篇】（διαλεκτική[iv]、διαλεκτικὴ πραγματεία［弁証法的な教義］[v]、διαλεκτικὸς ἀνήρ【弁証法的な人間】[vi]）という名称は、ディオゲネス・ラエルティウスによればプラトンによって初めて導入され、それに関連して『パイドロス』や『ソフィスト』、『国家』第七章などにおいて、理性の規則正しい使用、ならびにその熟練について描かれている。アリストテレスはτὰ διαλεκτικά[vii]を同じ意味合いにおいて用いた。しかしロレンツォ・ヴァッラ[viii]によれば、彼はλογική【論理学】[ix]もそれ自体の意味で【selben Sinne】用いた。彼の用いた*logikas dyscherias*[x]、つまりargutias［論理的な不愉快さ、すなわち如才なさ］、πρότασιν λογικήν[xi]【論理的な仮説】、ἀπορίαν λογικήν[xii]［論理的な行き詰まり］という表現においてそのことが見出される。それ故にδιαλεκτική【弁証法】はλογική【論理学】よりも古くから存在していた。キケローとクィンティリアヌス[xiii]は、Dialectica【弁証法】とLogica【論理学】を同じ意味合いにおいて用いた。

Cicero in Lucullo: Dialecticam invetam esse, veri et falsi quasi disceptatricem［キケローは対話篇「ルクルス」[xiv]において「論理学というのは明らかにすることであり、真と偽を区分けすることと言ってよい」と書いている］――Stoici enim judicandi vias diligenter persecuti sunt, ea scientia, quam Dialecticen appellant［弁証家が言うように、ストア哲学は自身の学問体系において生を熱心に追求することである］【キケロー、『トピカ』、第二章】

――クィンティリアヌスは次のように言っている［XII, 2］:

Itaque haec pars dialecticae, sive illam disputaricem dicere malimus［従って弁証法は論理学の一部、いやというよりむしろ議論と名づける方が妥当であろう］

かくして彼には διαλεκτική【弁証法】という単語はラテン語における議論という単語と同義だと考えていた（Petri Rami dialectica, Auudamari Talaei praelectionibus illustrate, 1569 に書いてある限りはそうである）。論理学と弁証法の同一の意味でのこういった使用は、中世や近代において、そして現代に至るまで、そのまま変わらず保たれてきた。しかし、近代において、特にカントがそうなのだが、「弁証法」はしばしば「詭弁的な論争技法」という嫌悪すべきニュアンスを含むものとして捉えられ、「論理学」という名称がそういった嫌悪すべきニュアンスのないものとして好まれるようになった。しかし、両者はもともと同一のものであり、ここ数年において再び同義語とみなされるようになった。

二.

古代において「弁証法」と「論理学」が同一の意味で用いられていたのは遺憾なことであり、それ故にその意味を選り分けていいものかどうかは分からないが、もし選り分ける場合、そして「論理学」（熟考や概算を意味する λογίζεσθαι[xv] と、言葉と理性——両者は一体——を意味する λόγος[xvi]）を定義づけする場合、「考え方の規則に関する学問、つまり理性の仕草」であり、また「弁証法」の定義は「協議する」（διαλέγεσθαι[xvii] からきて、すべての協議は事実または意見を相手に伝えるものであるから、史実的または思案的であるといってよい）であり、「議論する論技」（近代の意味では）ともなる。――故に、論理学は純粋にア・プリオリであって、経験的混合物の無い、このλόγοςにこそ、論理学は自身を委ね、論理学が自分自身をいわば誰にも邪魔されず委ね、いかなるものによっても道を見誤ることのない理性的な存在一人【つまり人間】による孤独至高の形をとって従うのだ。これに反して、「弁証法」は二人の理性的な存在により共同で事に当たるものであり、したがって一緒に考えるわけなのだが、ちょうど二つの時計のように時間がピッタリと当てはまることがなくなるや否や、議論、すなわち精神上の戦いが発動する。「純粋理性」において両者は一致しなければならない。こういった意見の相違点は、各々人間の本質的個性という多様性から生まれるものであり、それは「経験的要素」と言ってよい。「論理学」、思考の学問、つまり純粋理性の行使は、ア・プリオリにおいて設計することができる。「弁証法」は大部分単にア・ポステリオリなものであり、それは経験的知識によるものであるが、その経験的知識は二つの理性的存在者による共同思考・議論の際における個性の多様性・異質性から、本来あるはずの純粋思考が濁らされるものである。そして両者が、自分が純粋で客観的だとみなしている個々人の意見を互いに用いるのである。というのも、人間の本性は共同で考える時 διαλέγεσθαι、つまり意見の伝達（記録上の対話が除かれた）が行われ、例えばAとBが同じ対象について話し合っていて、Bの意見がAの意見と異なっている場合、Ａは自分の間違っているかもしれない意見を見定めるために論考を訂正する代わりに、相手のＢの意見が間違っているものだという前提を立ててしまうものである。それ故に、人間の本性は「独善家」だと言えよう。そしてこのような本性を有している結果、様々な教訓も兼ねた上で「弁証法」と名づけたいところだが、誤解を避けるために「論争的弁証法【Eristische Dialektik】」と名づけようと思う。それは人間の独善性を受けてのものである。

論争的弁証法

「論争的弁証法」[1]は議論するための論技であり、それは自分が正しいとみなすための議論であり、その手段が per fas か nefas かは問わない（正当か不当かは問わない）。[2]

1　古代人において「論理学」と「弁証法」は同じ意味合いにおいて用いられた。現代人においても同様である。

2　「論争的」というのは同じ事柄を単に辛辣に呼称したものに過ぎない。——アリストテレス（ディオゲネス・ラエルティオス，V, 28）は修辞法と弁証法を組み立て、その目的を「説き伏せること」το πιθανόν【*to pithanon*】にあるとした。ついで分析と哲学の目的を真理の追求にあるとした。アリストテレスは、論理学と分析、それを真の論証学的な結論を追究するための理論または実践とした。——Διαλεκτικὴ δέ ἐστι τέχνη λόγων, δι᾽ ἧς ἀνασκευάζομέν τι ἢ κατασκευάζομεν, ἐξ ἐρωτήσεως καὶ ἀποκρίσεως τῶν προσδιαλεγομένων【*Dialektiki de esti techni logon, di'is anaskevazomen ti i kataskevazomen, ex erotiseos ke apokriseos ton prosdialegomenon*】［弁証法【Dialektik】とは、我々が対話において問いと応答を通して何らかの主張を定立したりこれを無効にするような話術【Redekunst】である］【ディオゲネス・ラエルティオス，III, 48、「プラトンの生涯」】。——確かにアリストテレスは、一つ目に真なる結論、論理的に必然なものへの理論あるいは指示としての「論理あるいは分析」と二つめに真として有効な、つまり真として通用する——ἔνδοξα【*endoxa*】, probabila（『トピ

取り扱っている論争の主題において、実際は自分側が正しいが、相手や聴衆、更には時折自分自身も間違っているとみなしてしまうことがある。論争相手が自分の論拠について反駁してきた時、それが自分の論そのものに対する反駁だとみなされることがある。他にその論に対する論拠があるにも拘らず、である。この場合、立場は逆になるというわけである。すなわち、相手が客観的に間違っているにも拘らず、正しいものとみなされるわけである。つまりは、論の客観的真実性と、論争相手や聴衆がその真実性を是認するというのは似て非なるものである（後者は弁証法の目指すところである）。

なぜこうなるのか？――人間本性の劣悪さから生じるからである。そうでもなければ、我々が根本から誠実な存在であるのならば、あらゆる論争においてただ真理を目指すことだけを目的とし、それが我々の組み立てた意見なのか、それとも相手側の意見なのかについては無関心であるはずである。少なくとも二次的なものに過ぎぬはずである。人間の先天的虚栄心、特に傷つきやすい精神的な面での虚栄心は、我々が最初に組み立てた意見が間違っており、相手側が正しいなどとは到底認めないのである。これについては、次のことを正しく判断を下すしか対応策はない。最初は何について考えるか、そして後で何について語るかということである。しかし先天的虚栄心は、ほとんどの人にとってとめどないおしゃべりや先天的な不正直とセットになっている。彼らは考える前に話すのであり、そして後になって自分の意見が間違っていて、誤りは自分側にあることに気づいたとしても、事実は逆の「ように見える」ということを思うのである。真理に対する興味関心は、大半の人にとって真理だと思い込んだ論を組み立てることこそが唯一の動機なのだが、それは完全に私的な虚栄心に屈服するのである。真を偽とみなし、偽を真とみなすのである。

しかしこういった我々自身がすでに誤りと見なしているにも拘らず、その論に固執してしまう不正直さには、弁護の余地があるにはある。我々はしばしば最初、自分の論の真実性を固く確信するのだが、論争相手の論拠がそれに反するように思えることがある。その際、自分の論を切り捨てるのだが、しばしば後になって自分側がそれでも正しいのだということを発見する

カ』I, 1と12）――結論への「理論あるいは指示」【そこに依拠してはいないので、この結論が誤っているのか誤ってはいないのか、真なのか（それ自体において、それ自体にとって）は確定していない】の二つを区別している。だが故に、同じく根拠を有していようがいまいが、負けない方法とは異なるこれは何なのであろうか。かくして、無頓着に論を見せかけの真理にするという技術である。故に初めに言っておいたとおりである。アリストテレスはすべての結論を前述したように論理的なものと弁証的なものに分け、そしてそこから更に三番目の「論争的」なものに分けた。この「論争的」というものは、結論自体は正しいのだが、その論の部分、題材やテーマは正しくなく、単に見かけ上正しいだけである。そして四番目の「ソフィスト的」にも分け、それは結論も誤りであり、ただ見かけ上真実に見えるだけであるとしている。後者三つは論争的「弁証法」に本質的に属するものであり、それは客観的真理それ自体を目指すものではなく、単に見かけ上そうであるに過ぎず、つまりは真理ではなく論争の勝利自体を目指すものである。アリストテレスが、ソフィスト的結論については、弁証法について書かれた本において後になって付け加えたものである。

ことがある。我々の論拠は誤っていたが、論自体は正しいことがありうる。ただその論を支える別の論拠が思い浮かばなかったのだ。これにより次の原則が導かれるとも言えよう。相手の反論が正しく確固たるものに思えるが、一方で実際はあくまで見かけ上正しいに過ぎないと思っていて、そしてそれに反論しなければならない場合、我々は論それ自体に反駁するか、あるいは我々の真実性を立証するための別の方法を思い付かなければならない。このことにより我々は論争においてほとんど不正直な振る舞いをせざるをえないのであり、少なくとも不正直さに僅かながらでも唆されるのである。こういった不正直さというのは、我々の貧弱な理性、そして逆に意志の方は強固な力に支えられている。これにより、議論する者は pro ara et focis [家と馬のため][XVIII] の戦いのように、真理それ自体のための議論ではなく、あくまで自分の意見のために議論するのである。per fas et nefas [神の掟か冒涜か] に基づき、声を上げる。

かくして皆、自分の論を押し通すために議論するのである。たとえ自分の意見が一瞬誤りであったり、疑わしいものだということに気づいても、である。[3] こういったことへの対応策として、皆固有の狡猾さ、邪悪さというものを自身にある程度備えている。これは議論において日常的に経験していくことにより、皆「生来の論理学」があるのと同様に「生得の弁証法」があるのである。

しかし弁証法は彼が身を守るには論理学ほど有益ではないであろう。論理的法則に対する思考や結論も容易いものではない。誤った判断というのは頻繁に見られる一方、誤った結論というのは非常に稀である。人は「生来の論理」において不足することはあまりないが、逆に生得的な弁証法において不足することはたくさんある。それは人間に対して平等に分配された天分ではない（判断力も同様に非常に不均等に分配されたものであり、逆に理性は本来平等に分配されている）。というのも、単なる見かけ上だけの論証は、人の論のどこが正しくてどこが誤っているのかを混合し、反駁させるものであり、これは頻繁に起こるものである。そしてある論争において勝者とみなされる者は、彼の論の組み立てにおける正しい判断力に起因するものよりもむしろ、狡猾性や器用性を用いて自己を弁護することに長けていたからである。あら

3　マキャヴェリは『君主論』において、自分の隣国が弱点を見せたならば、直ちにそこを突き、攻撃しなければならないと規定した。というのも、さもなくば相手が同じことをする可能性がありうるからである。誠実さと正直さが世を支配するならば話は別であろう。しかし人というのは本性上そういうものではなく、そのため誠実さや正直さは信用しない方がよい。なぜならば手痛い償いを被ることになるからである。これは論争においても同様である。もし論争相手が真であるように見えるや否や、相手側が正しいと認めたところで、立場が逆になれば相手側が同じことをするとは思えない。むしろ不当な行動を実行するであろう。そして結局は自分もそれに合わせなければならない。人は真理だけを追い求め、自分の論を偏愛してはならないと簡単に言われるが、実際にそのように他人が実行するものだと仮定してはならない。したがって我々もそうしてはならない。その上、相手の方が正しいものだと思え、自分の論、自分が事前に吟味した論を放棄しなければならないとしたら、ちょっとした印象により自分の思考が誤った方向へと向かい、真理よりも誤謬を優先させることが容易くありうる。

ゆるケースと同様にそれが先天的なものであれば最善である。[4]しかし、相手に投げかける言い回しや表現法に関する熟考や練習を通してこういった論技の達人になることもできるし、逆に相手が多用する表現を逆に利用することも大いに役立つ。それ故に、論理学が現実的に実用的に役立つことがないとしても、弁証法が役立つことはなるほどありうる。アリストテレスも彼固有の論理学（分析）は「弁証法」の基礎ならび準備として主に組み立てたものと私には思え、これこそが彼の主な目的であったのだろう。論理学というのは論の単なる形式について関わるものであり、弁証法はその中身やテーマ、内容について関わるものである。それ故に「形式」の考察において、その形式の一般性の方が形式の具体的な中身の考察よりも優先されなければならない。

　アリストテレスは、私が行ったほどに弁証法の目的を厳格に定めたわけではない。しかし、彼はその目的を議論することにあるとし、だが同時に真理の発見もまた弁証法の目的とした（『トピカ』I, 2）。後になって彼はこのことを繰り返した。人は真理に応じて論理を哲学的に取り扱い、外観や喝采、他人の意見（δόξα）[xix]に応じて論理を弁証法的に取り扱う（『トピカ』I, 12）。彼は論が実際に客観的に真理であることとそれ自体と、客観的真理であることの主張や論の真理性を是認することの獲得は区別し、分離したことは確かに意識していたのであろう。ただ彼は両者を厳格に区別しなかったのであり、弁証法を後者に割り当てたに過ぎない。[5]これの目指すところの究極目的において、目的が介入することがしばしばである。それ故に我々の課

題がまだ完全には解されていないように思われる。[6] アリストテレスは『トピカ』において、極

4　Doctrina ses vim promovet initial［最初の教義は先天的素質を露出させる：ホラティウス、『抒情詩集』、IV, 4, 33］。

5　他方、アリストテレスは De elenchis sophisticis［詭弁論駁論］という本において、「弁証法」を「ソフィスト的」や「論争的」なものと区別するのにかなりの労力を再び注ぎ、弁証法的なというのは結論の形式及び内容においては正しく、ソフィスト的または論争的な（これら二つはその目的において違いがあり、論争的というのは勝利それ自体を目的としたものであり、ソフィスト的というのは名声や更にそこから金銭を得ることを目的としている）というのはそれが誤りであるという点で違いがあるとした。しかし論争が弁証法的なのか、あるいはソフィスト的・論争的なのかを見分けるにあたって、論の内容の正否を見分けようとするのは適切とは言えない。というのも論が正しいかどうかは常に不確定なものだからである。そして少なくとも議論する者自身だけがその議論の性質を完全に知っている。たとえ議論の結果を見てさえも、弁証法的なのかあるいはソフィスト的・論争的なのか確定することはできない。アリストテレスの「弁証法」を取り上げる場合、そこにはソフィスト的、論争的、試験的という意味合いが含まれていることを考慮すべきであり、「議論において勝者となるための論技」という具合に定義づける必要がある。もちろん、議論において勝者になるための大きな補助手段としては、取り扱っているテーマにおいて自分が正しい側にいることがあるが。しかしこれは人間の本性故に十分なものとは言えず、また人間の知性の貧弱さ故に、必要なものでもない。それはまた別の論技が必要なのであり、それは客観的真理に到達するという意味での勝利には貢献しないだろうが、もし相手が客観的に見て間違っているのならば使用することもできる。もっとも実際に相手が間違っているかどうか、人はほとんど確定する術を知らないが。

6　（規定の対象をその他すべての対象と必ず区別しなければならない）

度に体系的・組織的な方法を用いながら彼特有の学問的精神により、弁証術の組み立てに着手したのだが、たとえその明白に実践的な意図をもってのこの試みを達成できなかったとしても、それでもなおその試みは感嘆すべきものである。後に彼は『分析』において、概念、判断そして結論について純粋形式に従って考察した後、今度は「内包」、概念のみと固有の関係性を持っている「内包」に目を向けた。というのも、そこに量を有するものであるからである。論【Sätze】や結論というのはそれ自体単なる純粋形式にすぎない。これに対し概念は量を有するものである。[7]――その進捗は以下の通りである。あらゆる議論には命題【Thesis】または問題（これらは単に形式上の違いに過ぎない）があり、そしてそれから、それらを解決するための論【Sätze】というものがある。その論は、複数ある概念の関係性について常に取り扱うものである。この関係性というのはまず四つに分類される。人は概念について次の四つを求める。すなわち、一．その定義、二．その種類、三．その固有性、その本質的な特徴（proprium、ἴδιον）[xx]、四．偶有性（accidens）、つまり何らかの性質、固有的であったり専有的であったりそうでなかったり、簡単に言えば述語のことである。あらゆる議論の問題点は畢竟これらの関係性に起因するものである。これが弁証法全体の基礎である。第八巻においてすべての関係性を網羅し、そこからこれら四つの点で相互に関連しあう概念についても組み立て、さらに可能なすべての関係性についての規則が述べられている。すなわち概念をもう一つ別の概念に対して、その proprium【特徴】、その accidens【偶有性】、その genus【類】、その definitium つまり定義において関係づけたりする。人は自分でこのような関係性を打ち立てる時は（κατασκευάζειν）[xxi]、簡単に誤りを犯すのであり、他人がそういった関係性を組み立てたことを見て取った場合は、

7　概念というのは、種や類、原因と作用、性質と反対性、有と不という具合に、ある種分類されるものである。こういった分類においてはある一般的な法則が見られる。それはloci、τόποι【*topi*】というものである。――例えば原因と作用に関するLociとして次のような文がある。「原因の原因というのは作用の原因である」［クリスチャン・ヴォルフ『存在学』§928］、またこれを応用して「私の幸福の原因は私の富からくる。それ故に私に富を与えたそれもまた、私の幸福の第一原因である」。反対性に関するLociについては次のようなものがある。一．お互い排反するもの。例えば、正と不正。二．同じ主語であるもの。例えば愛は意志の下にあるἐπιθυμητικόν【*epithymitikon*】、そして憎しみもまた同様である。しかし憎しみは感情θυμοειδὲς【*thymides*】の下にもあり、愛もまた同様である。魂は白いと同時に黒くあることはできない。三．下位の度合いがないところには、上位の度合いも存在しない。その男が公正でないのならば、親切でもありえない。これらのことから、Lociというのはある一般的な真理であり、概念という部類全体と関係するものである。その概念を用いることにより存在している個別・具体的な事態へと再び目を向け、そこから論拠を汲み取り、また、そこからその明証性を他人に示すことができる。しかしながら、ほとんどは人を迷わすものであり、また多数の例外がある。例えばlocusについて。相反する事物というのは相反する関係性を持っている。例えば徳は美であり悪徳は醜い、友情は好意的なものであり敵意は悪意的なものであるという具合に。しかし、浪費とは悪徳であり、それ故にけちは善徳である。愚か者は真実を言い、したがって賢者は嘘をつく。こういった文章はもちろん正しくない。死は消滅であり、したがって生は生成である。当然誤りである。こういったτόποιの誤りやすさの一つの例。スコトゥス・エリウゲナがその著書『予定説について』第三章において、神において二つの予定説（片方は選ばれし者を救い、もう片方は罰せられた者を劫罰に下す）が

その誤りをつき、それを瓦解させること（ἀνασκευάζειν）[xxii]ができる。そういったあらゆる規則またはその概念と種類の間のあらゆる一般的な関係性の組み立てを彼はτόπος[xxiii]、locusと呼称し、三八二においてそのようなτόποι[xxiv]について言及している。そこからトピカ【Topica】と名づけられた。そのトピカに対して、いくつかの一般的規則、とりわけ議論について、を加えたのだが、その規則はしばらくしたら反駁された。

Τόποςというのは、したがって純粋に物質的なものではなく、また特定の対象または概念ではない。そうではなくて、概念の種類全体の関係性に関するものであり、それは無数の概念が共通して持っているものであり、互いの概念において上述したすべての議論で見受けられる四つの観点のうちのどれからでも考察するや否や見出せる。そしてこれら四つの観点は更に下位のものに分類分けされる。四つの観点に基づく考察は、ここではしたがって常に形式的なものであり、それは「概念の内包」を取り扱う論理学ほどは純粋に形式的なものではないが、しかし形式的な方法に基づくものである。Aという概念の内容がどのようにBという概念と関係しなければならないかを述べ、その関係性をどのように組み立てられるのか、その類に基づくのか、そのProprium（特徴）に基づくのか、そのaccidens【偶有性】に基づくのか、その定義づけに基づくのか、あるいはこれらの下位の分類、つまり反対性（ἀντικείμενον）[xxv]、原因、作用、性質、不足等々に基づくのかといったことを述べる。そしてすべての議論というのは、そういった関係性を見出すために行われる。ほとんどの規則は、こういった関係性について今ある、という異端者の意見に対して反駁した。その際この τόπος を使用した。すなわち「互いに対立しているすべてには原因が必ず互いにあって引き起こされなければならない。ある事象とその同じ原因が互いに現象を産出すると同時に対立するというのは、理性に適さぬ論である」。ああ！しかし経験が教えるところでは（experientia docet）によりその熱が粘土を硬くし、蝋を柔らかくさせるなど、そしてその他多数の類似したことを我々はすでに知っているのである。しかしそれにも拘らず、topus がもっともらしく聞こえるのである。彼は自分の主張を平気で topus に基づいて組み立てたのだが、我々はこれ以上関わらないこととする。Locis の完全な網羅とそれに対する反証はフランシス・ベーコンがその著書『善と悪の色について』において行っている。ここに挙げたのはその例である。それを彼は「sophismata」と名づけた。Locus を用いて論を考察することもでき、例えば『饗宴』においてソクラテスがアガトンに説いたように、美、善といった優れた良き性質を保有しているものには「愛」が添えられるという論に対して、その反対となるものが証明された。すなわち「ある者が探しているものは、それをある者が持っていないということである。愛が美や善を今探している。したがって愛はそれらを持っていない」。それがある種の一般的な真理を授け、すべての題材に適用可能であるということ、そしてそこからその真理を通して異質で多様な事態における個々の論を、その特殊性をより詳細に検討せずに、決定していくことができるように見えるのはあくまでも見かけ上だけに過ぎない場合がある（代償の原則というのは実に適切な locus である）。またそれは単独で行われるものではない。というのも概念というのは抽象的な事柄を通じた意見の相違から生まれ、そこから再び抜きん出た最も異質な論を把握していくのだが、それは概念を用いて最も異なった類の個別の性質を関連づけ、そこから他の概念の基底となる上位の概念が明らかになった場合だけ生じるものだからである。それどころか議論において人が攻撃され苦境に陥った時、何らかの一般的な topus を活用することによって身を救うことがある。Loci もまた「慎ましき自然の法則」（lex parsimoniae naturae）である。また、「自然は決して欺かない」（natura nihil facit frustra）。確かに、あらゆる格言は実践的な傾向を有する loci と言ってもいい。

τόποιとして述べられているが、概念の関係性の本質において、それらはすべて自明のものだが、論争相手から実施されたものはすでに自分側から強く迫られ、論理学と同様に、そしてそれについて抽象的なτόποςを思い起こすよりは、特殊な事例において考察したり、その怠慢に気づくことの方が簡単である。それ故に、こういった弁証法の実践的な使用はそこまで大したものではない。使用する論争相手が述べる事柄はほとんど真実だが自明なものであり、結局自分の健常な理性に対して自分で目を向けてしまう羽目になる。例えば「もしあるもののgenus【類】について主張したいのならば、そのgenus【類】についての何らかのspecies【種】にも言及しなければならない。さもなければ、その主張は誤りということになる。例えば相手が魂は運動を有すると主張したとする。その場合、その動きの具体的な固有の種類【Art】、例えば飛翔、歩行、成長、減退等々といったものがなければならない。もしないのならば、精神には動きがないということになる。したがって、種【Spezies】について述べられないのならば、genus【類】もないということになる。これがτόποςである」［アリストテレス、『トピカ』、II, 4, 111a33-b11］。このτόποςはそれを組み立てたり瓦解させたりでき、第九番目のτόποςである。そしてその逆もある。すなわち、もし類が与えられないのなら、種もまたないということになる。例えばある人が別のある人に悪口を言われた（と主張した）とする。そして彼が悪口を言っていないことを我々が証明すれば、その悪口もなかったということになる。というのも、genus【類】がないところには種【Spezies】も存在し得ないからである。

「特徴」、つまりpropriumという分類に関しては、locusは二一五で述べられている。つまり「第一に瓦解させること。論争相手がある要素の特徴について言及してきたが、それが感覚的に知覚できるに過ぎないだけのものであったならば、それは粗末な主張である。というのもすべて感覚的なものは、それが我々の感性を超越したものであるのなら、不確かなものだからである。例えば相手が『太陽』の特徴として、それが最も輝く天体であり、地球の周りを回転すると述べてきたとする。しかしそれは理に適ってない。というのも太陽が沈めば、我々はそれが地球の周りを回転しているのかどうか判別できず、なぜならばその事柄の判断は人の感性を超越しているからである。――第二点として、逆に特徴性の言及は、それが感覚的でないものだと分かれば、あるいは感覚的ではあるが必然的なものであるのだと分かれば、正しいものとなる。例えばある物体の「表層」の特徴について、それが一番初めに染色される最初の部分だと言及された場合である。確かに感性的な特徴ではあるが、常にあり続けたことは明らかだから、したがってその言及は正しいということになる」〔アリストテレス、『トピカ』、V, 5, 131b19-36〕。――アリストテレスの論じた弁証法における概念はこういった用途のためのものであった。相手を論破するという目的を達成するためのものであったようには私には思えない。キケローの『トピカ』はアリストテレスのものを記憶に頼って真似たものである。とても浅薄でみすぼらしい。キケローはまったくもってtopusが何なのか、そしてその意図は何かということを明確に把握せず、いろいろな要素をexingenio〔思いつくがまま〕[xxvi]にお喋りによって乱雑にし、法律上の例証を無意味にたくさん羅列した。それは彼の書いた作品のうち最も粗悪なものである。

弁証法を正しく行うためには、客観的真理については無関心であらねばならず（論理学の仕事である）、あくまで「負けない方法」[xxvii]のみを思慮しなければならない。もちろん、その論自体において正しければことはより簡単になるであろうが。しかしそういった弁証法においては、単に様々な態様の論争に対して、特にそれが不当である場合にどうやって身を守るかだけを教え、また同様に、相手の論に対して自身の論を用いて攻撃し、さらにその攻撃がそれら双方の論への反論を行わずにできることを教える。こういった論技を用いて自分の論を真実だと思わせるには、客観的真理の発見という行為から純粋に分けねばならない。それはまたまったく別のπραγματεία［問題］であり、それは判断力、熟考、経験によって行われるもので、それらには固有の論技というものが存在しない。それこそが弁証法の狙いである。それは見かけ上の論理学とも定義されているが、誤りである。なぜならばそういった定義づけを採用するのならば、誤った論に対する防御としてしか役に立たないからである。またたとえ自分の論が正しい時でも、それを擁護するためには弁証法を用い、不正な論技も知っておかなければならない。相手が使用してくる同じ武器で相手を打ちのめすために、自身がこういった論技を用いなければならない。弁証法を用いる際は、客観的真理というものは脇へと避けたり、あくまで偶発的なものとみなさなければならない。そうでもしなければ自分の論を擁護したり、相手の論を斥けたりすることができない。ここで挙げた規則を用いるにあたっては、客観的真理は顧慮してはならない。というのも大抵の場合それがどこにあるのか明らかになってはいないからである。[8] 大抵自分自身の主張が正しいのか誤っているのか判別がつかないものであり、自分が正しいと思い誤ることがしばしばであり、論争の双方がそのような思い違いをする。というのも veritas est in pueto（ἐν βυθῷ ἡ ἀλήθεια[xxviii]「真理とは深さにあり」デモクリトス）だからである。論争の発生した場合、自分側に真理があるものだと思い込むのが通例である。しかし議論が進行するにつれ自分の意見の真理性が疑わしくなる。そして議論が終わりになるまで、結局どれが真理なのか明らかになったり、認められたりはしないのである。それ故にこういった真理を明らかにすることを目的に弁証法をはめこんではいけない。論争において巻き起こる決闘は、実際にどちらが本当に正しいのかは瑣末なことである。ちょうどフェンシングの達人が決闘において攻撃を的確に当て、そして相手の攻撃を確実に躱すことが最大の関心事であるように、同じことが弁証法にも言えるわけである。弁証法はフェンシングの精神上の技法と言ってもよい。それを巧みに使うことにより、固有の学問論として確立することができる。というのも、我々の目的を純粋に客観的な真理へと設定するのならば、単に「論理学」へと立ち戻ることになるから

8　論争においては双方とも激しくやり取りをする。そして相手の主張を取り入れつつ自分の論拠へと舞い戻るわけである。やり取りが終わったというわけである。

である。逆に目的を誤った論を押し通すだけとしたならば、それは単なる「ソフィスト的」なものに過ぎなくなる。そして両方を取り入れることにより、我々が、何が客観的に正しくそして誤りであるのかを既に知っているという仮定を立てることができる。しかしそういったことが事前にわかることは滅多にない。弁証法の真の概念は前述した通りのものである。議論において自分側が正しいと見せかけるための精神上のフェンシング技法であり、「論争的」という呼称がより適切かもしれないが、最も適切な呼称はDialectica eristica、つまり論争的弁証法ということになるだろう。そしてそれは非常に役立つものである。しかし近代になってからは不当にも用いられなくなった。

こういった意味での弁証法は、単に体系と規則を回帰的に組み合わせるもので、ほとんどの人間が論争において自分側に真理がないと気づき、それでもなお自分の方が正しいと見せるための論技の使用に過ぎない。したがって学問的な弁証法において、真理の発見やその促進を考慮することは、その弁証法の本来の目的に反するものである。というのもそれは人が先天的に有する自然的な弁証法では行われないものであり、そういった弁証法ではただ勝利だけを目指して働きかけるものだからである。したがって、ここで述べている意味での学問的な弁証法は、次のような主要役務がある。つまり「不当な論技を議論において組み立て、分析すること」である。これを上手に行うことにより、実際の討議において相手もこういった弁証法を用いてきても、うまく見抜き撃退することができる。しかしこういった弁証法の最終目標は客観的真理ではなく、あくまで単なる勝利だということを頭に入れておかなければならない。私は今まで詳細に吟味してきたが、それが実際に何かこの点で成し遂げたかどうかは分からない。[9] 未開拓の分野を取り扱っていると言ってよい。我々の目的を達成するためには、我々の経験から引き出し考察しなければならない。我々の同志と行う対談において、双方において使用される各々の論技について観察し、それぞれ別個の論技から一般的・普遍的な規則を見出し、そうすることにより一般的な stratagemata［戦力］を組み立てることができるようになり、それを実際に我々が使用したり、相手が使用してきたらそれをうまく撃退し、相手を苛つかせることに有益になるかもしれない。

以下の章においての論述は、私のその「最初の試み」である。

9　ディオゲネス・ラエルティウスによればテオフラストスによる多数の修辞技法に関する書物があったがその全部が今では喪失されている。そのうちの一冊として Ἀγωνιστικὸν τῆς περὶ τοὺς ἐριστικοὺς λόγους θεωρίας【*Agonistikon tis peri tous eristikous logous theorias*】「論争に関する実践的な手引書」という題名のものがある。実に本書において取り上げるのに相応しい作品だったのだが。

あらゆる討論術の基礎

最初に「各々の議論の本質」、すなわちそれが本質的にどのように進行していくるのかをよく見抜かなければならない。

論争相手（あるいは我々。どちらでも同じ）が立てた命題に対して反論する場合、二つの態様【Modi】並びに二つの方法がある。

一．態様としては

a）ad rem［事柄に基づいたもの］

b）ad hominem［論争相手に基づいたもの］または ex concessis［論争相手の譲歩に基づいたもの］、すなわち次の二つである。論【Satz】が物の本質、つまりは絶対的・客観的真理と一致しない場合における反論、あるいは論争相手の他の主張や承認、つまりは主観的真理と比較的一致しない場合の反論である。後者は単なる相対的なものであり、客観的真理に何か作用を及ぼすものではない。

二．方法

a）直接的な反論

b）間接的な反論

——直接的な反論は命題【These】の根拠を対象とし、そして間接的な反論は結論を対象とするものである。直接的な反論は命題が真理ではないことを指摘するものであり、間接的な反論は命題が真理ではありえないことを指摘する。

一．「直接」的な反論においては二種類の方法がある。主張の根拠が誤りであることを指摘する（nego majorem: minorem［私は大前提と小前提を疑う］）か、あるいは主張の根拠は正しいとは認めるものの、そこから導かれないということ（nego consequentiam［私は結論を疑う］）、つまりは「結論」、推論帰結の形式の誤りを指摘するものである。

二．「間接」的な反論においてはApagoge【帰謬法】あるいはInstanz【反論提示】を活用する。

a）帰謬法：論争相手の論を真と受け止め、その論から導かれる帰結をすでに真と認められている別の論を前提とした帰結と組み合わせ、そこから出てくる明らかに間違った結論を指摘する。その結論は事柄の本質[10]あるいは論争相手の主張に矛盾が生じるというわけである。つまりは ad rem【事柄に基づき】または ad hominem【論争相手に基づき】に誤りがあり（Sokrates in Hippia maj. Et alias［「大ヒッピアス」やその他の対話編におけるソクラテス］）、それ故に元の論が誤っていたとなるわけである。というのも真の前提からは真の論題しか導かれないわけであり、逆に偽の前提からは必ずしも偽の論題が生まれるわけではないからである。

b）反論提示 ἔνστασις[xxix], exemplum in contrarium［反証］：一般的な論題に対して相手が直接的ないくつかの立証を通して反論するのに対して、その立証が有効ではないことを指摘する。そこから相手の反論も誤りが帰結される。

これらが論争の骨組みあるいは骨格である。つまりは論争の骨学というわけである。あらゆる論争はこの体系に当てはまると言って良い。しかしこれらの論争は実際にこの体系にあてはまるか、あるいは見かけ上でしかあてはまらない場合もありうるし、その論争を支える基礎も真である場合もあれば偽りである場合もありうる。そしてそこから真実を探り当てるのが簡単ではない故、議論というものは決着をつけるのにお互い譲らず、時間がかかるというわけである。我々は命じられて真実と見かけ上の真実を見分けることはできない。というのも論争者自身、あらかじめそのどちらが真実かわからないからである。それ故に、「論技」【Kunstgriff】というものが、論争者が「客観的」に正しいか誤りかということの顧慮なしに存在する。というのも論争者は正しいか否かは事前に確証できず、討論を通して決める他ないからである。それはそうと、一般的な論争や論証において人は何かの了解に達する場合、論争の的となっている問いに対して一つの原理に基づいて判断を下さなければならない。すなわち、Contra negantem principia non est disputandum［否定に対しては原理によって議論するべきはない］

10　もし論争相手が疑う余地のない明白な真理に真っ向から矛盾したというのなら、我々が相手を ad absurdum［不合理へ］と導いたというわけである。

論技一

論争相手の主張におけるその本来の領域の境界から連れ出す拡大論技。できる限りその意味を一般的にそしてできる限り広く捉え、それを誇張する。そして自分固有の主張をできる限り狭い意味にし、できる限り狭い領域へと収縮させる。というのも主張が一般的になればなるほど、よりたくさんの攻撃が可能となるからである。これに対する対応策としては puncti【問題点】または status controversiae[xxx]［争点あるいは争論の現況］の正確な提示である。

例一

私が次のように言ったとする。「イギリス人は演劇分野で第一等の民族である」。これに対して相手は即座に次のように反論する。「彼らは音楽の面では優れた業績がなく、それ故オペラでも同様である」。次のことを想起させることによってそれに反駁する。「音楽は演劇の分野に属するものではない。演劇は単に悲劇や喜劇を示すものである」。このことは論争相手がよく知っている。そして私の主張を一般化することを試み、そこからすべての演劇にはオペラや音楽も含まれるとし、そのことを提示することによって私を打ち負かそうとする。

もし、自分の主張の言い回しが有利に働くと見るなら、上述のものとは逆に最初の意図した意味領域を狭めることによって、人は自分の主張を擁護したりすることもできる。

例二

Aが次のように言ったとする。「一八一四年の講和条約によって全ドイツのハンザ同盟都市に主権が再び返還された」。――これに対してBは instantia in contrarium[xxxi]［反証］を与える。すなわち、「ダンツィヒはナポレオンから授けられていた主権をその講和条約によって喪失した」と述べる。――するとAは次のように言い逃れた。「私は全ドイツのハンザ同盟都市と言ったのだ。ダンツィヒはポーランドのハンザ同盟都市だ」。

この論技はアリストテレスの『トピカ』、VIII, 12, 11 において述べられている。

例三

動物哲学者のラマルク[xxxii]（『動物哲学』［Paris 1809］, Bd. I, S. 203）は、ポリプは神経を保有していないが故に感受性がまったくないものとした。しかしながら、ポリプが「知覚することが可能」なのは周知の通りである。というのもポリプは枝から枝へと故意に移りながら、光の後を追って動いていくからである。――そして獲物をさっと捕らえる。この事実からポリプの体全体には神経組織が均一に広がっていて、それが融合しているものではないかと人は仮定した。

というのもポリプは明らかに個別の感覚器官なしで知覚しているからである。この事実はラマルクの仮説を反駁するものであるが、その反駁に対して以下のように弁証法的に論証を行っていく。「それならばポリプの体のすべての部分はあらゆる種類の感受性が可能なはずなのであり、同様に動き、意思、思考も可能なはずである。というのもポリプの体の各々の箇所において、完全な動物の器官と同じものを所有しているからである。各々の箇所は視覚、嗅覚、味覚、聴覚などが可能であり、さらには考え、判断し、結論を下すことも可能となるはずである。体の各々の粒子は完全な動物のものとなり、それ故にポリプは人間よりも高等な存在となる。なぜならば人間が体全体においてようやく保有している能力を、ポリプは肉体の部分部分においてすべて備えているからである。人がポリプに関してこのように主張していることを、万物で最も完璧でない『モナド』にまで適用し、更には生きている植物までもこのことを適用しない理由がない等々」。――このような弁証的論技を使用することは、論者は密かにこれが不適切であるということを知っていることを漏らす。というのも人は次のように述べたからである。「ポリプの体全体には光への感受性を備えてはいるが、それはしたがって神経を備えているとも言える」。このことは、ポリプは体全体において思考が可能であるということを意味することになるからである。

論技二

「同音異義語」【Homonymie】は提示された主張を拡大し、単語が類似していること以外に、述べられている事柄との共通項が少ししかあるいはまったくない要素を用いることによって明白に反論し、そしてそれにより当の主張をあたかも論破したかのような様子を示す。

注意。Synonyma【類義語】というのは一つの同じ概念に対して二つの言葉を使うことである。――逆にHomonyma【同音異義語】は一つの同じ言葉に対して二つの概念が示されることである。アリストテレスの『トピカ』I, 13を見よ。深い、寒い、高いといった単語はある時は肉体に関して使われ、ある時は口調に関して使われるが、これはhomonyma【同音異義語】である。正直さや誠実さなどがsynonyma【類義語】である。

この論技に関してはex homonymia［同音異義に基づく］詭弁と同一なものとみなすことができる。しかし同音異義語の詭弁が明らかであるならば、他人に対して重大に思い違いをさせることはない。

Omne lumen potest extingui
Intellectus est lumen
Intellectus potest extingui.
[すべての光は消滅しうる
知性は光である
知性は消滅しうる]

この点において同時に四つの termini【語】があることに気づくであろう。そして本来の意味においての「光」ならびに比喩的な意味においての「光」があることを理解するであろう。しかし細かい場合では、とりわけ似たような表現での各々の概念が類似したり意味合いが互いに移り変わる際には、人は思い違いをすることもありうる。

例一[11]
A：あなたはまだカント哲学の秘奥に関して教えてくれていない。
B：そうかい、秘奥だって言うのなら、私が知っているわけないじゃないか。

［例二］

私は名誉の原理に関して非難する。というのも人は侮辱を被ることによって名誉を喪失し、その結果、侮辱を被った人は相手に対してより大きな侮辱あるいは相手または自分の血によって仕返しをし、それによって被った侮辱を洗い流し、うやむやにするからである。その根拠として私は次のように述べる。真の名誉は被った損害ではなく、むしろ行った行為のみによって侵されるものである。というのもあらゆることはあらゆる人に降りかかる可能性があるからである。——これに対して論争相手は私の主張の根拠に対して直接攻撃を仕掛ける。彼は以下のことを私に主張して明らかにする。ある商人が自分の生業について詐欺だとか不法行為であるとか、怠慢であるという虚偽の悪口を言いふらされた場合など、これらは名誉への攻撃で、それにより名誉が侵害されるわけであり、そしてそれは彼が損害を被ったからこそ生じるのである。そして名誉の回復は名誉を侵害してきた者に刑罰を与え、その虚偽の言葉を撤回することによってのみ可能である。そして彼は「同音異義語」【Homonymie】によって以下のように論を推し進める。「市民的名誉」【Bürgerliche Ehre】あるいは「良き名声」【Guter Name】は、中

11　単に私の論法を即興的に使うだけでは、欺かせるには十分なものとはならない。個人の経験の蓄積も必要とする。本書に述べられている全ての論技に対し手短で的確な名称を付与することができればいいのだが。そうすればこういった場合に、あの論技だとかこの論技だとかではなくその名称を指せばいいだけになるのだから。

傷を通じてその侵害が生じるのであり、「騎士的名誉の概念」【Begriff der ritterlichen Ehre】あるいは「面子」【point d'honneur】は、その侮辱によって侵害が生じる。そして前者に対する侵害は無視するのではなく、公の反証を通して撃退されなければならない。それ故同じ原理で、後者に対する侵害もまた無視したままにするのではなく、より強い侮辱や決闘を通じて撃退されなければならない。――したがって、「名誉」という単語の「同音異義語」【Homonymie】を通じて本質的に異なった二つの事柄をごちゃ混ぜにし、そしてそこから mutatio controversiae［議論のすり替え］が実現されるわけである。

論技三

κατά τι[xxxiii]、つまり各々個別に述べられた主張[12]を一般的なもの、simpliciter、ἁπλῶς[xxxiv]、絶対的なものとして捉えたり、あるいは少なくとも完全に別個の関係において捉え、そしてこれらの意味合いにおいて反論する。アリストテレスの挙げた例証としては次のものが挙げられる。ムーア人の肌は黒いが、歯は白い。したがって彼は同時に黒く、そして黒くはない。これは随分と苦しい例であり、誰も本気で相手にはしないだろう。これに対して、実際の経験から例を挙げようと思う。

例一

12　Sophisma a dicto secundum quid ad dictum simpliciter［ある関連した命題からある一般的な命題への誤った推論］。これはアリストテレスの二番目の ἔξω τῆς λέξεως- τὸ ἁπλῶς, ἢ μὴ ἁπλῶς, ἀλλὰ πῇ ἢ ποῦ, ἢ ποτέ, ἢ πρός, τι λέγεσθαι【*exo tis lexeos: -to aplos, i mi aplos, alla pi i pou, i pote, i pros ti legethe*】［命題定式とは無関係なソフィスト的な反論：一般命題あるいは一般ではなく話法的あるいは局所的、条件付きあるいは発言と関連した命題における使用］（『詭弁論駁論』、５）。

哲学に関する会話において、私の論じる体系は静寂主義者【Quietisten】を擁護し称揚した。その後、ヘーゲルに関する話に移行して、私は彼の書いたものの大半は馬鹿げたものであるとした。少なくとも彼の書物においては書いたその言葉を、読者が意をくみ取らなければならないとした。これに関して、論争相手はこれらの ad rem【事柄に基づいた】反論を試みたのではなく、「でも君は静寂主義者も同じように褒めたし、彼らも同じくらいたくさんのナンセンスなことを書いたよね」という具合に argumentum ad hominem【論争相手に基づいた論証】によって満足した。

この反論に対して私は彼に以下のように反駁する。私は静寂主義者を哲学者や作家として、つまりは理論家としての業績を称揚したのではなく、彼らの人となり、つまりは単にその実際的な点での行為を称揚したのである。しかし先のヘーゲルの論争の焦点は「理論」の面での業績であった、と。これにより彼の攻撃をうまくかわせる。

最初の三つの論技は類似の点が多い。これらは論争相手が本当は他のトピックについて言及することによって反論する点で共通している。それにより議論を終結させようとする人は、ignoratio elenchi［論点のすり替え］を犯す。というのも以上で挙げた例証は、相手の言っていること自体は正しい。しかし、それはテーマに対する反論と実際に言うことはできず、単に見かけ上そうであるに過ぎない。したがって相手のこのような反論に対しては、その結論に一貫性がないと否定すればいいわけである。その結論は、私たちの誤った論に基づいた相手の正しい命題から導かれたものである。したがってそれは彼の反論に対する per negationem consequentiae【結論の反論によって】直接的な反論である。

人が結論を事前に見て取る場合、正しい前提を与えない場合がある。この場合に対する対抗措置としては以下二つの規則、論技四と五がある。

論技四

もし人が議論において結論を述べようとする場合、相手がそれを事前に予測するようにさせてはならず、個々の前提を気づかせないように会話において分散して述べていくべきである。そうでもしなければ、論争相手はあれこれといやがらせを企てるであろう。あるいは論争相手が自分の述べる主張の正当性に疑念を持っている場合、それらの前提に基づいた前提を立てるべきである。「前三段論法」【Prosyllogismen】、すなわちその前提をより多く前三段論法を用いて整然とではなく乱雑に述べるようにするということである。このことを行うことにより、必要な自白を得るまでうまく駆け引きを行うことができ、遠回りをしつつも目的を達することができるであろう。この規則はアリストテレスの『トピカ』VIII, 1において見られる。

例を挙げる必要はないであろう。

論技五[13]

もし論争相手がこちらの論について、相手の無理解からか、あるいは別の命題が直ちにそこから演繹されるのを見て取ることからかにより真実性を認めないならば、自分は己の主張の証明として前に述べられた虚偽の主張を使用することができる。その際それ自体は誤っているが、adhominem【論争相手に基づいて】正しい主張を用いるべきであり、論争相手の ex concessis【譲歩に基づいた】考え方について論争することとなる。というのも真の前提から誤謬が導かれることはないのとは反対に、誤謬の前提から真理が導かれることはありうるからである。同様に、論争相手の誤った論を別の誤った論【(もっとも相手はそれを真実とみなしているが)】により反論することも可能である。というのもその誤った論は相手の論争内容と関係のあるものであり、相手の考え方を用いなければならないからである。例えば、相手がある宗派の支持者であり、我々が逆にその宗派に賛成できない場合、その相手に対抗する際、その宗派の意見を principia【原理】として用いて反論することができる。アリストテレス『トピカ』VIII, 9 参照。

13　これは前述の論技の一部分を成すものである。

論技六

主張の証明の際には、隠れた petitio principi【論点先取】を用いることができる。これらは次のいずれかである。

一．名誉の代わりに良き名声、純潔の代わりに美徳という具合に別の名称を用いる。あるいは脊椎動物の代わりに赤い血をした動物というように相互変換的な概念を用いる。

二．個々の場合において論争されているものを、もっと普遍的に捉える。例えば医学の不確実性を主張する場合、人類の全学問的知識の不確実性を持ち出す。

三．もし二つの反対の意見がお互いに関連して述べられ、片方が証明された場合。その場合もう片方の証明も要求する。

四．普遍的真理が証明され、そこから個々の主張を認める場合。（二番目のものと逆である。）

アリストテレス『トピカ』VIII, 11）

弁証法的議論を行う際、アリストテレスの『トピカ』最終章において適した規則が述べられている。

論技七

もし議論が白熱し、形式的なものとなり、その議論の内容を正確にはっきりと理解したい場合、次のような態度をとるとよい。それはもの問いたげな論争相手に対して、どの主張が組み立てられ、それはどのように証明されるべきかを考慮し、彼の今まで妥当だと容認してきた論に基づきつつ、真となるべき論を結論づけようとする態度である。このような質問術は特に古代人において使用されていた（ソクラテス問答式とも呼ばれる）。これは現在の論技や後述するいくつかの論技とも関連づけられるものである（それらはすべてアリストテレスの『詭弁論駁論』十五を土台にしつつ手を加えたものである）。

自分の真実性を見込んでいる論を隠すために、広範で抽象的な質問を一度に多数行う。――その代わり自分の論証は正しいとみなされたものだけから素早く述べ伝えること。というのも理解力が鈍い人においては、この論技によって正確に論争についていくことができず、立証において起こりうる誤りや欠落を見過ごすこともありうるからである。

論技八

論争相手を怒りに導くこと。というのも怒りの状態にあるものは、正しい判断や自己の討論における優位な部分を考慮することができなくなるからである。相手を怒りに持っていくには、あからさまに相手に不法行為を行なったり、嫌がらせをしたり、そもそも厚かましい態度をとったりすることによって可能である。

論技九

結論を引き出すための質問を順序良くするのではなく、あれこれと乱雑に行うこと。そうすれば論争相手は、会話の流れをどこへ向かわせようとしているのか把握することができず、それ故に予防策を講じることができなくなる。更に、相手の回答次第では、そこから様々な結論を引き出したり反駁したりするように活用することもできる。これは演技した態度をとるという点で論技四と関連する。

論技一〇

論争相手が我々の論の真実性を裏づける論に対して故意に否定し、そのことを我々が察知した場合、その論とは反対のことについて、それがあたかも自分の真の論であるかのように、質問を投げかけねばならない。あるいは少なくとも彼に対してそれぞれ正反対の論の二者択一を突きつけねばならず、そうすれば相手はどの論を肯定して欲しいのかわからなくなる。

論技一一

我々が帰納法を用い、論争相手がその帰納法から引き出される特定の事柄を正しいものとみなすべきとした場合には、その特定の事柄から起因する普遍的な真理もみなすかどうかを尋ねてはならない。そうではなくて既定の事実として後になってそれを持ち出すべきである。というのもその間だと論争相手はそこまでは頭が回らず、あくまで特定、具体的な事柄だけその真実性を承認したものとみなし、聴衆も同じ印象を受け、彼らは特定の事柄のみに関する質問だけが記憶に残り、それにより議論は終着したものとみなすからである。

論技一二

議論【Rede】が特定の名詞を用いられず、一般的な概念についてのもので、何か比喩的なものを用いなければならなくなった場合、その取り上げる比喩は直ちに自分の主張にとって有益なものでなければならない。例えばスペインにある二つの政党はServilesとLiberales［奉仕党と自由党］という名前だが、この場合だと確かに後者を選びたくなるだろう。

プロテスタントという名称もこういった理論から採択されているのであり、福音派もまた同様である。しかし異端者【Ketzer】という名称はカトリック【Katholiken】から来ている。

事柄の名称において、より多くの真実性が潜んでいる場合もある。例えば論争相手が何か議論の変更【Veränderung】を提案した場合、その場合自分は、あなたは議論を刷新【Neuerung】していると呼称する。というのも刷新という言葉は意地悪さの出る言葉だからである。自分自身が議論の変更を提案する場合、逆を行えばいい。前者の場合は、対立原理として「既存の秩序」と名づける。後者においては「古臭い偏見」【Bocksbeutel】と名づける。故意でないもの、中立的なものは「儀式」【Kultus】または「公の宗教学」と名づけられ、それに賛同する我々の側は「敬虔者」や「信心家」、反対する者に対しては「頑迷家」や「迷信家」と名づけられる。これらは根源的にはかすかに petitio principii【論点先取】が作用している。何かを示したい場合、最初にあらかじめ事柄の呼称に配慮し、そこから単なる分析的判断を加える。例えばある人が「人を占有する」、「保護のもとにおく」と呼称するものを、論争相手は「投獄、拘禁する」と呼称する。論争者は呼称、事実を相手に察知させる呼称において自分の意図をつい漏らしてしまうことがある。例えば片方が「聖職者」と呼称するのを、相手は「坊主」と呼称する。本書において述べるすべての論技の中で、この論技が最も頻繁に、しかも本能的に直観的に使用されている。「敬虔者」が「狂信者」であったり、「慇懃さ」が「姦通」であったり、「多義的な」が「猥褻的な」であったり、「錯乱」が「破産」であったり、「勢力と人の縁を通じて」が「買収と派閥を通して」であったり、「誠実なお礼」が「たんまりとした給料」であったり等々。

論技一三

相手が自分の論を受け入れるためには、その意味するところの反対のものを論じなければならず、そしてそのどちらかを相手に選択させる。そしてその反対の論は適切に強調しなければならない。そうすれば相手は、我々の本来の理論が正しいと受け入れることに矛盾を感じないからである。例えば「自分の父が命じたことはすべて行わなければならない」という論を相手に認めさせようとする。その際我々は次のように問いを立てるべきである。「人は自分の親の言うことにすべて服従すべきか、それとも服従しないべきか」。あるいは何か別の事柄が「時折」起きると述べた場合、我々はその「時折」というのはわずかな場合のことを示唆しているのか、多くの場合を示唆しているのかを尋ねる。すると相手は「多くの場合」と答える。事柄を灰色に近い黒として設定し、それを白とすることができる。あるいは白に近い灰色にし、それを黒とすることができる。

論技一四

厚かましさを感じさせる論技であるが、以下のようなものがある。我々がした多数の質問に相手が答えたが、その答えが我々の導きたい結論部に都合が悪いものであるならば、その導きたい結論部分を、たとえ相手がそれについていくことができずとも、あたかも正しい論のように組み立て主張し、そして勝ち誇った態度をとるということである。もし論争相手がおずおずしていたり愚鈍であったりし、自分側がとても厚かましくて強い口調を有しているのならば、うまく成功するだろう。さしずめ fallacia non causae ut causae【無根拠を根拠とす】というわけである。

論技一五

もし我々が矛盾した論を主張し、その正しさの論拠を挙げるのに手こずる場合、論争相手に対して正しくはあるが、明晰でない論を採択あるいは拒否するように提示し、あたかもそこから論拠を汲み取ろうとするかのようにする。その論の真理性に対する疑念からそれを却下するならば、彼を ad absurdem【不合理へ】と導き、勝ち誇る。しかし相手がその論の真理性を認容した場合、我々は理に適った論を述べたということになり、その後の展開を顧慮する必要がある。あるいは前述した論技も加えることにより、我々の矛盾した論が正しいものと証明されたことを主張することができる。これは最も恥知らずな論技であると言ってよい。しかし誰もが経験することであり、この論技を本能的に使用する人々が多数いる。

論技一六

Argumenta ad hominem【論争相手に基づいた論証】あるいはex concessis【論争相手の譲歩に基づいたもの】。論争相手の主張に対して、以下のことを見出すと良い。相手の主張が単に見かけだけのものであったり、以前相手が主張したことや認めたこと、あるいは相手が賞賛したり同意したりしている学派や宗派の教義や教えやその党派の支持者の行為、あるいは相手自身の行為や欲求と矛盾しているかどうかを見出すこと。党派と矛盾した論を持ち出す場合、相手は偽の見かけだけの支持者ということになる。例えば相手が自殺を擁護する場合、「じゃあ、なぜ君はさっさと首を吊らないのか」とすぐに応じたり、相手がベルリンでの滞在は心地いいものではないと述べた場合、「なぜ朝一番でそこをさっさと発たないのか」とすぐに応じる。

何らかの方法でこういった嫌がらせを行うことが可能である。

論技一七

論争相手が我々に対して反証で攻め立ててくる場合、もし論じている事柄が何らかの二重の意味を持っていたり、二通りの解釈が可能な場合に、そのかすかな違いを利用することにより、相手の反証を躱すことができる。

論技一八

論争相手が何かを論証し、これによって我々を攻撃してくることに気づいたなら、それを何とか妨げ相手の狙いを成就させないようにし、話を中断したり議論を別の方向へと逸らすことにより、できるだけ早いうちに議論の進行を止め、別の論を持ちだすべきである。簡潔に言えば、mutatio controversiae【議論の変更】が実現される。

論技一九

論争相手が相手の主張の特定内容に反対論を持ち出すことを我々にはっきりと要請してきて、それにうまく応えられない場合。その場合は、論の具体的内容をより広く一般的な意味において敷衍し、それに反論する形で論を展開していくべきである。なぜ特定の物理学の仮説は信頼してはならないのか、その理由を我々が述べなければならない場合。その場合は、人類の学問知識のあやふやさに言及し、それを相手にいろいろな観点から説明する。

論技二〇

論争相手に前提となる理論の正当性を尋ねて、それを相手が認めた場合。その前提となる論から導かれる結論を相手に尋ねるのではなく、自分から導き出さなければならない。前置きが何か足りていなくても、それを容認し、結論を引き出す。さしずめ fallacia non causae ut causae【無根拠を根拠とす】の適用というわけである。

論技二一

論争相手の単なる上っ面だけのあるいは詭弁的な論に対しては、我々がそれを見通している場合、相手の言葉のいかがわしさや浅薄性について追及していくことにより、それを撃退することができる。更により良いのは、相手のその論証に対して同じくらい上っ面だけで詭弁的な反論で応じて、それを叩きのめすことである。というのも、このような事例では真理が問題になるのではなく、あくまで議論において相手を言い負かして勝利することが問題になっているからである。例として、相手の論が argumentum ad hominem【論争相手に基づいた論証】であれば、それを打ち負かすのに同様に ad hominem（ex concessis）【論争相手に対しての（論争相手の譲歩に基づいた）】反論で応じれば十分である。一般的に相手が argumentum ad hominem【論争相手に基づいた論証】で挑んできたら、事柄の真理性について長々と議論するよりも、同じ論法で応じる方が手っ取り早い。

論技二二

何かそこから問題点が生じ、論争が続いていくような論を認めることを相手が要求してきた場合。我々はそれを petitio principi【論点先取】であるとして拒否する。というのも相手ならびに聴衆は当の問題点と類似した論のそれらが同一なものであると易々とみなすからである。これにより相手の最良の論証を無効にすることができる。

論技二三

矛盾や論争は主張されている主張の「誇張」につながる。したがって我々は論争相手を矛盾によって刺激し、場合によっては真かもしれない相手の主張を、その全体にしろ、部分にしろ、その真となる領域の境界線から逸脱するように努める。そして我々が相手のこの誇張に対して反論したならば、それはあたかも彼の元々の主張にも反証したかのように見えるであろう。これに反して、我々は矛盾を犯して意見を誇張したり、我々の論の範囲をその適切性から逸脱するように惑わされたりしてはならない。しばしば、相手自身が直接的に我々の論をその適切性から逸脱するように拡大延長させ、それがあたかも我々の元来の主張であるとさせるように試みることがある。したがって、我々はそれをただちに阻止せねばならず、我々の主張の境界線の中へと戻し、「私の主張はこれだけで、それ以上はない」と示唆しなければならない。

論技二四

結論の捏造。相手の論において、元来意が含まれておらず、相手の主張している内容とは逸脱したような、誤った推論や概念によって論を歪曲することにより、当初の相手の論を馬鹿げていたり、いかがわしいものと強制する。その結果、相手の論から強制的に導き出したこの誤った論が、互いに相反していたり、真実だと認められている事柄と矛盾するように見えるようになる。これらは間接的な反駁であり、apagoge【帰謬法】と言われる。そしてこれまたfallacia noncausae ut causae【無根拠を根拠とす】方法の適用というわけである。

論技二五

反論提示【Instanz】を通してのApagoge【帰謬法】、exemplum in contrarium【反証】に関するものがある。ἀπαγωγή[xxxv]、inductio［帰納法］は幾多もの事例から、一般論を主張するために必要である。適切でない論を打ち破るには、ἀπαγωγή[xxxvi]【帰謬法】において唯一の事例を述べるだけで足りる。そういう事例が反論提示【Instanz】、ἔνστασις[xxxvii]、exemplum in contrarium、instantia［反例］と呼ばれる。例えば以下の論があったとする。「反芻動物にはすべて角がある」。これはラクダの事例をただ一つ挙げることにより反駁することができる。反論提示【Instanz】は当の事例の主要概念に包含されている一般的真理とみられる論を適用するものであり、そしてその論の一般真理性が有効ではない故に完全に反駁される。こういう事例のみにおいて錯誤が生じ得る。論争相手がこの論技を使用してきたら、以下のように尋ねるべきである。

一．相手の挙げた例が実際に真理なのか。論争において、それに対する唯一の解決策が、述べられている事柄が真理ではないという場合がある。例えば幾多の奇跡、怪談、等々。

二．それが組み立てられた内容に属しているものかどうか。それが見かけ上そうであるに過ぎない場合がしばしばあり、それは厳密な識別によってのみ明らかになり、議論に終止符を打つことができる。

三．それが組み立てられている内容に対しての反論なのかどうか。これも見かけ上そうであるに過ぎない場合がしばしばある。

論技二六

retorsio argumenti【議論の投げ返し】の使用もまた望ましい。相手がこちらに使おうとする論証を、そのまま相手に返すという手法である。例えば相手が「ある子供がいた場合、甘やかして守らなければならない」と述べてきた場合、それに対して自分が「子供だからこそ、人は彼がより悪い習慣に染まらないようしつけなければならない」という具合に反論する。

論技二七

論争相手が論証に思いかけず怒りを示してきた場合、必ずその論章を熱心に急き立てなければならない。それは単に相手を怒りにより駆り立てるという点でいいからというだけでなく、相手の思考過程の弱点に関して触れたことを相手に推測させ、まるで手の内にあるかのごとく相手のこの弱点をより害するからである。

論技二八

これは学者同士が無学者と論争する際に、とりわけ有効なものである。もし自分がargumentum ad rem【事柄に基づいた論証】がなく、更にはad hominem【論争相手に基づいた【論証】】もないとしたら、ad auditores［聴衆に基づいた【論証】］を行う。すなわち、無効な主張を提起するが、その主張の誤りはその道の専門家のみが判断できるものである。相手は専門家である一方、聴衆はそれとは違って専門家ではないわけである。とりわけ、その主張は相手の全体論を滑稽なものとして映す場合において、相手は論破されたものと聴衆の目には映るのである。人というのはよく嘲笑するものであるが、この事例において嘲笑する聴衆は自分の味方側についているというわけである。主張の誤謬性を示す場合において、論争相手と長々と議論しなければならず、当の学問領域の原則あるいはその他の事柄に立ち戻らなければならない。そういうのは聴衆にとって容易なことではない。

例。論争相手が次のように述べたとする。「始原岩層の形成において、花崗岩やその他の始原岩層が温暖化により液体へと結晶化し、最終的には当初にあった塊が溶解した。その温暖化の際の温度は摂氏百十度であったはずだ。その塊は海面下において結晶化された」。これの argumentum ad auditores【聴衆に基づいた論証】として、その摂氏八十度を超えた気温だと、海はとっくの昔に蒸発して靄として空中に消えたことだろうと述べるわけである。すると無知な聴衆は笑う。論争相手は我々のこの論を反駁するにあたって、液体の沸騰点は単に温かさの度合いだけでなく、大気の気圧があって初めて達するものであることを示さなければならない。そして海水の半分が靄へと変化し大気中に消散していくやいなや、いかに気温が高くて摂氏百十二百度であったとしても水は沸騰しないといったことを述べなければならない。しかしながら、こういった主張は物理学の素人に対して述べるには論文を必要とするものであり、それ故論争相手は我々を打ち負かすという目的を達することができなくなる。

論技二九

自分が論破されそうだということに気がついたら、「話題そらし」を行う。つまり、いったん何か論争されているものとは別のテーマについて述べて、それがあたかも述べられていた当の事柄に関するものであり、論争相手への反駁となっているようにする。この論技は、その話題そらしが主に thema quaestionis［論争のテーマ］に関するものならば、ある程度は謙虚さから作用するが、そのそらされた話題が論争する相手と関係なく、論と全然関係ない場合、それは厚かましいものとなる。

例えば私が、中国において生まれながらの貴族というものがおらず、職務は試験の結果によってのみ割り当てられると述べたとする。それに対して私の論争相手は博識というのは出生の特権（相手はこれを高く評価しているが）と同様に職務を遂行するにおいて瑣末なものであると述べたとする。そして論争はどこか彼にとって不明確なものとなっていく。すぐに彼は話題をそらし、中国においてはすべての身分は棒打ちの刑をくらう可能性があるとし、更に多数の茶飲みをそれと関連して持ち出し、その両方を基に中国人を非難した。こうやっていろいろと話題を振る者は、まさにそのことによって話題が別の方へとそらされ、既に獲得されていた勝利はより確実なものとなる。

討論の事柄において quaestionis【論争点】が完全に捨て去られたら、この話題そらしという論技はいよいよ厚かましいものとなり、そして「君はこの前は同様にこういう主張をしたよね」などと人は述べるようになる。そして論争がいわば【論自体ではなく】「人間に関するものとなる」。このことは本書の最後の論技において詳述する。これは、その討論されているものが argumentum ad personam［敵の人格に基づいた論証］と argumentum ad hominem【論争相手に基づいた論証】の中間に正に位置づけられるものと言ってよい。

この論技は低俗な人々の間の喧嘩において実に先天的に頻繁にみられる。ある者がもう片方を人格的に非難する場合は、彼は論の反駁において応じるのではなく、これまた人格的な「非難」によって応じるのだが、この反駁された最初の者は、論の内容そのものによる非難に対してはあたかもその事実を認めたかのように応じない。それはスキピオがイタリアではなくアフリカにいるカルタゴ人を攻め込むようなものである。戦争においてこういった話題のそらしは時折効果的ではある。単なる争いにおいては、これは効果的ではない。というのも非難された側は非難されたままにして応じず、そして聴衆が両者の誤りを判断し、自分側【非難する側】にとって不利になることがありうるからである。この論技は論争においては faute de mieux【多数者が欠けている時】において使われるべきである。

論技三〇

argumentum ad vercundiam〔権威に基づいた論証〕という論技。論争相手の知識に応じて、論を根拠づけるのではなく権威の力を借りる。

Unusquisque mavult credere quam judicare〔人は皆判断するよりも信じることを好む〕とはセネカの言葉だが〔『生の短さについて』I, 4〕、もし論争相手の敬意を抱いている権威が自分側にあるとしたら、事の遂行は容易い。相手の知識ならびに能力の水準が低ければ低いほど、相手に対して働きかける権威の力は有効なものとなる。しかし逆にそれらが優れているのならば、あまり、或いはまったく働きかけないであろう。もしも論争相手が自分とは疎い学問や芸術、職人分野についての知識や能力をもつならば、その分野に携わっている人の正当性などを容易に認めるだろう。もっとも幾ばくかの疑念は抱くだろうが。それに対して、平常人はいずれの分野にしろ、その専門家に深い敬意を払う。彼らは知らないのだ、専門家というのはその専門の仕事そのものを愛しているというよりも、そこから得られる収益を愛しているのだということを。ある分野を教える者がその分野を根本的に知っていることは稀である。というのも徹底的にその分野を学ぼうとする者は、それを教えるための時間がほとんどないからである。しかし大衆が敬意を払う対象となる権威は、たくさんある。もし論争において適切な権威が見つからないのならば、少なくとも見かけ上適切なものを持ち出し、他の意味や他の関係においてそれを適用することができる。論争相手がまったく理解していない権威は、それが最も正当なものだと相手は信じがちである。無学者はギリシア語とラテン語の言い回しに対して特有の尊敬を抱く。また必要な場合において、権威を歪曲したり、まったくでっち上げたり、自分で作った言い回しをあたかも権威あるものからの引用のように発言したりすることができる。大体の人はその権威に関する本を手元に持っておらず、どう扱えばいいのかもわからないのである。これについてはフランスの司祭が格好の例となるだろう。彼は他の市民とは違い、自分の家の前にある道路を舗装させないために、*paveant illi, ego non pavebo*［彼らは恐れ、私は恐れない］という聖書の言葉を引用した。[14] 市役所の役人を説き伏せるには、これだけで十分だったのである。「一般的な偏見」もまた権威として使うのに有効である。というのもほとんどの人はアリストテレスが言及しているように *ἃ μεν πολλοῖς δοκεῖ ταῦτα γε εἶναι φαμέν*[xxviii]［人々がそのように主張するのはそうであって欲しいからだ。『ニコマコス倫理学』X, 2, Allein 1172b36］。たしかにどんな馬鹿げた意見も、それで相手を説得する際、それが「一般的に認められている」という具合に推し進めて、それが受け入れられなくはないものだ。実例が彼らの行いに作用するよう

14　ラテン語での言葉遊び。pavere が「舗装する」を意味し、paver は「舗装する」を意味する。

に思考にも作用するのだ。彼らは先導者の行くところに盲目的についていく間抜けな者たちである。彼らにとっては考えるよりも追従することが簡単なのだ。世間的意見というものがどれだけ自分達にのしかかっているか、どれだけ判断力なしで、単なる例証で意見を受け入れているか彼らが気づくのは非常に稀である。自己知というものを彼らは持たないのである。選ばれた優秀な人たちのみがプラトンの τοῖς πολλοῖς πολλὰ δοκεῖ[xxxix]［人々は異なった事物を正しいとみなす。『国家』、IX, 576c, d.］という言葉、すなわち卑近な【vulgus】大衆が脳にくだらぬ考えを抱き、その考えを達成するのに骨を折るということに同意する。

世間的意見というものを真剣に鑑みれば、それはその正当性について何ら根拠というものがあるわけでもなく、更にはその蓋然性すらない。もし何らかの世間的意見というものを相手が主張してきたならば、以下のように対処する。一．その一般性が通用しない時代に遡る。あるいはかつては一般的に真実だと思われていたが、今は誤りだと認められている誤謬を持ち出す。例えばプトレマイオスの体系について言及したり、あるいはカトリック主義の起源であるすべてのプロテスタントの州について言及したりする。二．その一般性を別の空間、場所、国について関連させる。あるいは仏教、キリスト教、イスラム教の信者の教義の一般性をぐらつかせる。（【ジェレミー・】ベンサム、Tactique des assemblées législatives［立法議会における戦略、ジュネーブ――パリ、1816］, Bd. II, S. 76.）

人が世間的意見と名づけるものは、よく吟味してみれば、二人か三人の意見に過ぎないことが多い。それ故に、世間的意見の有効性の成り立ちについて見抜くことができれば、それを恐れる必要もなくなるであろう。そして、その意見を受け入れたり、あるいは主張したり組み立てたりしたのがほんの二人や三人で、しかもそれの正当性が十分に吟味されたかのようなことを更に別の人が容易く信じたのを我々は発見するであろう。先入観の持つ強力な力により、他の者も同様にこういった意見を信じていった。そして更に他の者のその意見を多数の他の者が信じるようになっていくのだ。彼らは勤勉にそれを吟味するのでなく、考え無しに従うという世間人の怠惰という本性により、意見を信じる者がねずみ算式に増えていった。当初の意見に賛成する者が十分な数に上れば、それに従う者はその意見は確固たる根拠に基づいてその正当性が認められているものだと言うようになるのである。その意見にまだ従っていなかった残りの者は、今や世間的に認められているその意見の真理性を、反抗分子や世間より賢いと見せたがる生意気な青年のような異端児だと思われたくないことから認めざるをえなくなったのである。そして今やそれへの賛成は義務的なものとなったのだ。今やもう、判断力のある少数の者は沈黙に陥らなければならなかった。その世間的意見を述べる者は、自分の意見と判断力を持つことが無能なものであり、その意見は単なる他人の意見に過ぎないわけである。しかしそれでも彼らはその意見を熱心にしかも乱暴に弁護する。というのも自分とは異なった考えをもつ人々を彼らが憎むのは、相手の公言するその考えの異質性でも、自分で判断したいという思い上がりでもない。そういった判断は彼らはやったことがなく、そしてそのことは彼ら自身がよく知っている。要するに、考える者はとても少ないのであり、その反面皆が意見を持ちたいのである。そして自分で意見を考案することがないならば、他人から出来上がったものを受け取る以外何が残されているのだろうか？何百万の人々の声はこういうものではないだろうか。歴史的事実というのも同様で、歴史書において見つける数百の事実は、他から拾ってきたものの証明と言ってよく、それらはすべて究極的には一人の者の発言に回帰するというわけだ。（【ピエール・】ベイルによる、Pensées sur les Comètes【彗星雑考】、Bd. I, S. 10.）

Dico ego, tu dicis, sed denique dixit et ille
Dictaque post to ties, nil nisi dicta vides
「私は語り、君は語り、彼は語り、
皆が語った後、語られたこと以外何も認知できない」[15]

こういった事情にも拘らず、一般的世間人との論争においては、世間的意見を権威として利用することができる。

そもそも、もし平凡な頭脳を持った二人が互いに論争していたのならば、彼らの攻撃手段のほとんどは権威に基づくことに共通していることに気づくだろう。優秀な頭脳が同様の事例にある場合、論争相手の弱点に応じて、この権威という武器を選択し、使用するのが得策である。というのも、ex hypothesi［仮説により］権威という武器に対して自分の論証を用いるのは、思考ならびに判断の無能力の川に身を浸した、角をつけたジークフリードのようなものだからである。

裁判所においては権威、すなわち確固たる基盤のある法という権威によってしか争われない。法廷においての判断力の行使は法、すなわち権威を扱っている訴訟にどのように適用していくかという点にある。しかし、弁論術【Dialektik】がこれに入り込む十分な余地はあり、必要な場合において法律が当の訴訟にうまく適用できない場合、適用できるようになるまで捻じ曲げることがある。逆に適用できるものを適用できないようにさせるような弁論術【Dialektik】もある。

論技三一

論争相手の説明した根拠に対してうまく対処できない場合、微妙な皮肉を用いてこれを無力化する。「貴殿のおっしゃっていることは、小生の貧弱な理解力を凌駕するものであります。ご見識はおそらく非常に的を射ているのでありましょう。小生のみ理解が追いつかず、それ故、判断を断念させていただききたく存じます」という具合に述べれば聴衆にうまくあてこすることができ、論争相手の論はナンセンスなのだと思わせることができる。『判断力批判』が世に出た当初もこのような現象が生じ、それどころかそれが一大センセーションを巻き起こし始めた時、古折衷主義派の教授たちは「皆目見当もつかぬ」と言い、これによってあっさりと事を上手い具合に封殺したのだと信じられたわけである。――しかし新しい学派の支持者は彼らに対して、『判断力批判』は正当なものであり、彼らが単に理解してないだけだと主張し、老教授たちはとても機嫌が悪くなった。

この論技は、聴衆の信頼を論争相手よりも確実に獲得していることが確かな場合にのみ有効である。例えば、生徒に対する教授の場合。実質的にこの論技は前述した論技の一部であり、根拠ではなく「固有の権威」の行使であり、特に意地の悪い方法である。この論技の対処方法としては、――「どうかお許し願いたい。貴殿の素晴らしき知性なら、貴殿にとっては理解も容易かろうが、小生の稚拙な表現が事をわかりにくくしているのであろうか」。そしてこのことを相手が **nolens volens**［否応なしに］理解し、彼の方がただ単に今まで理解していなかったことを明らかにさせるまでに刷り込ませる。このようにして相手のこの論技を回避することができる。相手は我々に「ナンセンス」だと当てこすりたいわけだが、それに対して我々は相手が「無理解」であるのだと示したわけである。両者ともうわべは非常に礼儀正しく振る舞ってはいるが。

論技三二

論争相手と我々の主張が矛盾対立している場合、たとえその主張と類似しているに過ぎなかったり緩い関連性しかない場合でも、相手を嫌悪されるような領域だと主張することにより、それを手っ取り早く斥けたり、少なくとも嫌疑をかけたりすることができる。例えば「それはマニ教だ、それはアリウス主義[xl]だ。それはペラギウス説[xli]だ、それはスピノザ主義だ、それは観念論だ。それはブラウニズム[xlii]だ。それは自然主義だ。それは無神論だ。それは唯心論だ。それは神秘主義だ」等々。逆に相手がこのような論技を用いてきた場合、対処法として二通りある。

一．当の主張がその領域に属していたり、少なくとも関連性を持っていたら、「すでに知っているよ」と発言する。

あるいは

二．当の領域がすでに完膚なきまでに反論されていて、その下では真理を帯びた言葉を含むことができないとする。

論技三三

「理論においては正しいが、実践においては誤りである」。このような詭弁に対して根拠を認めはするが、結論は否認する。a ratione ad rationatum valet consequentia［理論から理論づけられた論証は有効である］の規則と矛盾する。――このような主張は不可能性に陥っている。理論的に正しいものは、実践的にも「必ず」正しい。正しくないのならば、理論においても誤りがあるということである。それが見落とされていたり吟味したりしていないということであり、やはり結果として理論においても誤りがあるということである。

論技三四

もし論争相手がある質問や論証に対して、直接的な回答をせず、逆に質問したり間接的な回答をしたり、あるいはその事柄とは関係のないことで巧みに躱そうとしたり議論を別の方向へ持っていこうとしたならば、これらのことは我々が相手の弱点をついた（もっとも時折そのことに気づかないが）という確実な印となる。こういう場合相手は「比較的」押し黙ることとなる。そうしたら我々はこの点をつき相手を急きたて、逃してはならない。たとえ我々が突いた弱点が具体的にどのようなものから起因するのか分からなくてもだ。

論技三五

次にあげる論技が実行可能であればただちに、これだけで勝利を収めることができる。根拠により相手の知性に訴えるのでなく、動機により相手の意志に対して訴えるものであり【これは論争相手だけでなく聴衆に対しても有効である】、自分が相手と同じような関心を持つならば、それを利用することにより自分側の意見を通すことができるわけである。たとえその意見が精神病患者の如き狂人からの意見であったとしてもだ。というのもほとんどの人の頭脳では、認識や信条の一ツァントナーよりも意志の一ロートの方が重たいからである。もちろんこのことは特別な事情においてのみありうるものである。もし論争相手に対して、相手の意見が有効であることが相手の関心や好みと矛盾し、それを反駁してしまうことに気づかせたなら、直ちに彼は熱くなった鉄のように、自分のその意見は軽率なものだったと撤回するであろう。例えば聖職者が哲学的教義を弁護していたとする。そしてその教義が間接的に彼の所属している教会と矛盾していることに気づかせたならば、上述のようにその哲学的教義を撤回するであろう。

英国においてある地主が、一つの蒸気機関は数人分の働きをすると主張する具合に、機械の優位性を説いている。これに関して蒸気機関がまもなく馬車をも曳くようになり、種馬飼育場で飼われている豊富な馬の価値が沈下する、といったことを理解させればいい。こういう場合においてどの意志にも次の規則が発動する。Quam temere in nosmet legem sancimus iniquam［どれほど我々が不合理な規則を選ぶことか【ホラティウス、『風刺詩』、I, 3, 67】］。

同様に、「ある」政党、ギルド、職業、クラブ等々において聴衆が我々と同じものに所属していて、論争相手が所属していない場合、たとえ相手の論がどれほど卓越していようと、それが聴衆の属している前述した集団の共通の利益に相反するものであるということをほのめかせば、その相手の論証は貧弱で浅ましいものとし、逆に我々の主張はでたらめながらも聴衆は正しく的確なものとみなし、結果、聴衆の支持は我々に降り注ぐことになり、論争相手は決まり悪く論争場から立ち退かされることとなる。そしてほとんどの聴衆は純粋な確信から支持したのだと信じる。というのも自分たちにとって不利な論は、ほとんどの場合、馬鹿げたものと見られるからである。Intellectus luminis sicci non est recipit infusionem a voluntate et affectibus［知性の光は乾いておらぬが意志と感情が混ざる【ベーコン、『ノーウム・オルガノン』、I, 49】］。この論技は次のように表される。「樹木をその根より取り扱う」、通常 argumentum ab utili【実用性に基づいた論証】と呼ばれる。

論技三六

論争相手をナンセンスな長弁舌により当惑させ、唖然とさせる。これは次のことに基づいている。

「人は言葉を聞いているだけなら信じ込むが故、考えないようにさせなければならない」[ゲーテ、『ファウスト』、I, 2565-66]。

もし相手が自分の弱点を密かに自覚していて、自分の理解できないたくさんのことを聞き、それをあたかも理解しているかのように振る舞っていることが日常的であるのならば、その相手に学識ぶって今にも深い意味がありそうなナンセンスな論を熱心に熱弁し、その命題あたかも反論の余地のないもののように見せることによって、相手の聴覚・視覚・思考を呆然とさせ、深い感銘を与えることができる。周知のように現代では、ドイツの大衆に対してこの論技を用いた哲学者が輝かしい成功を収めることができた。しかしこれは exempla odiosa〔忌まわしい例〕であるから、ゴールドスミス[xliii]著の『ウェイクフィールドの牧師』第七章）における例を参照されたい。

論技三七

この論議が最優先として用いられるべきである。もし論争相手の論は正しいが、幸い相手の挙げた証拠が適切なものでないならば、こういった証拠に反論することは容易いものであり、あたかも論そのものに対する反論のようにすることができる。こ根本的に遡ればこの論技は、argumentum ad hominem【論争相手に基づいた論証】を ad rem［事柄に基づいた］ものと見せかけるものである。もし相手や取り巻きがより正しい証拠を出すことができない場合、こちら側の勝利というわけである。――例えば、ある者が神の存在について、存在学的に証明しようとする場合、容易く反論できる。こういう場合において、器量の悪い弁護士は手頃な訴訟においても敗北を喫することとなる。というのも、彼は当の訴訟において不適切な法律を適用し、逆に適用すべき適切な法律が念頭に浮かばないのである。

最終論技

もし論争相手が優勢に立ち、自分の論が不当とみなされていることに気づいたならば、わがままになり、侮辱し、粗暴になる。このような応対は、論争内容そのものから離れ（というのも負けているからであるが）、論争相手とその人格に矛先を向けるものである。Argumentum ad hominem【論争相手に基づいた論証】と区別して argumentum ad personam【人格に基づいた論証】と名づけることができる。前者は論争相手が述べた、または認めた純粋に客観的な対象から離れることであるが、これに対して後者は対象から完全に離れ、論争相手そのものに対して直接的に攻撃するものである。したがってこの場合、人は病的になり、陰険になり、侮辱的になり、粗暴になる。これは精神の力が肉体の力あるいは単なる動物性へと訴えるものである。この論技はよく使用されるものである。というのも誰もが発動するのに有効だからである。そしてここで問題となるのが、どの対立規則が相手側に対して有効なのかということである。というのもこれを相手が用いた場合、殴り合い、決闘、誹謗中傷の形をとることになる。

ただ単に個人攻撃をしなければいいと思うのは大きな誤りである。というのも相手に対して相手の論が誤りであり、それ故にその判断ならびに思考が誤っていることを冷静に指摘したならば、もっともこれはすべての弁証論的勝利に当てはまるものなのだが、相手に対して粗暴な振る舞いをとったり侮辱を投げかけたりするよりもより多く怒りに駆り立てさせるからである。ホッブズの『市民論』第一章においては次のように述べられている。Ominis animi voluptas, ominisque alacritas in eo sita est quod quis habeat, quibuscum conferens se, possit magnifice sentire de seipso［あらゆる精神的愉悦は他人と比較して自分が優っていることを感じることにおいて構成させる］。——人にとって虚栄の満足ほど心地よい満足感を与えるものはなく、そしてその虚栄が傷つくほど心に響くものはないからである（このことから「生命よりも名誉の方が優れている」などという言葉が生まれる）。この虚栄の満足というのは自分と他人を比較することにより専ら生じるものであり、その比較はあらゆる事柄を対象とするものであるが、何よりも精神能力が最大のものである。これらは討論において最も効果的に顕著に表れる。このこと故にたとえ相手を論破するにおいて、いかなる不正を適用せずとも、敗北者である相手を憤激させ、この最後の論技という最終手段へと駆り立てるわけである。単なる礼儀正しさではこの最終手段から逃れることはできない。しかし論争相手が人格攻撃を加えてきた場合、大いに冷静、冷血になることにより、すなわち落ち着いて返答し、相手の言っていることが論争とは関係ないと述べた上で論争を本来の道へと戻し続け、相手の怒りを買わずに相手の間違いを指摘すれば、何とか切り抜ける助けになりうる。テミストクレスがエウリビアデスに πάταξον μέν, ἄκουσον δέ[xliv]［私を打て、ただし話は聞け］と述べたように。もっともこのような方法は誰にでも使えるわけではない。

この個人攻撃の論技についての唯一の、そして確実な対抗規則は、アリストテレスが『トピカ』の最終章において言及しているものだが、誰とでも議論するのではなく、その人間が知っている人で、その人間が十分な知性を持っていて、愚行に及ぶような振る舞いをせずに、それにより恥をかくようなことがないような人のみと議論するべきである。そしてあくまで根拠に基づいて議論し腕力に頼るような事態に及ばさないようにし、しっかりと理に適った根拠ならばしっかりと耳を傾け、受け入れる人でなければならない。そして真理を高く評価し、たとえその真理が相手の論に起因するものであっても、理に適っているならばしっかりと耳を傾け、たとえ真理が自分ではなく相手側のものにあるとしても受容し、それを不当なものだとみなさないだけの妥当性を持っていなければならない。こういう論争に適している人は百人中一人いるかいないかといったところである。残りのやつらについては言いたいことを言わせておけばよい。というのも desipere est juris gentium［人の法は馬鹿げたもの］だからである。ヴォルテールの言葉を肝に銘じておくがよかろう。La paix vaut encore mieux que la vérité［平和は真理よりも価値が高い］。また次のアラブの諺もある。「沈黙の樹には平和の実がなる」。

議論というのは頭脳の摩擦のようなもので、なるほど互いの利益であることがしばしばで、自分の思想を訂正し新たな見解を生み出すものである。しかし、議論する両者は学識の面にしろ、才智の面にしろ、均衡していなければならない。前者がなければ討論で言っていることは理解できず、「水準」に達していないわけである。後者がなければ、まさにそのことによって怒り心頭に発し、不正直な言動を吐き出すようになり、あらゆる策略を行い、粗暴性をさらけ出すであろう。

Colloqio private sivi familiari［親しげに行われる私的な会話］と disputatio sollemnis publica, pro gradu「［位階に応じての公的で厳粛な議論］等々においても本質的に議論に違いはない。ただ後者は、【議論の】respondes【応対】が常に opponens【相手】［命題の発言者と敵対者］に対して正しくなければならず、それ故に必要な場合に praeses【監督者】がそれを助けなければならない。――あるいは後者において形式的に討論したのならば、その論証は厳格な推論の形式になる傾向がある。

思索について

一

　膨大な本が収められている図書館もそれが整頓してない状態であるのなら、しっかりと整理されている図書館よりも少なくとも本の数による有益性を有さない。それは知識においても同様のことであり、多くの知識を大量にかき集めたところで、それを個人が考え抜いていないのなら、わずかな知識でも様々な側面から考え抜いたものよりも価値は遥かに劣るときているのだ。というのも何か一つの知識を自分のものとして完全に取り込みものとするには、その人の知っている知識の様々な側面で推論し、各々の心理をまた別の真理と比較することによってようやく可能だからである。徹底的に考え抜くことができるのはその人の知っていることだけである。そのため人は学ぶべきなのである。だが人が知っているものも結局その人が考え抜いた事柄だけである。

　ところで読書と学習は両者とも確かに自分の意思に基づいて取り掛かることができるものではあるが、逆に考える行為については、事情は逆であるというのが常である。風の中で揺れる火のように、ある対象に対して抱く関心によって点火し、その火は灯され続けるのだ。それは純粋な客観的なものかあるいは単に主観的なものかのどちらかであると言える。後者の主観的なものは我々個人に関する事情の時のみ表出するものである。前者の客観的なものは生まれつき思索的な頭脳の持ち主だけが可能なことである。というのもその者にとっては考えることは極めて自然なもので、あたかも息を吸うが如く考えるからである。とはいえその数は極めて少ない。これ故にほとんどの学者はこの類の人の見せるような思索を見せないのである。

二

自ら思索することと読者することにおいて、精神に及ぼす作用の差異は信じられないくらい広いものである。そのために、思索型の頭脳と読書型の頭脳との間に生まれつきあった差異はますます広がってゆくのである。読書というのは精神が思考に押しつけるものであるが、読んでいる本に述べられている思考は読み手がその瞬間に抱いている気分や考えていることとは余りに無縁であり異質なものであるため、読書と読み手の精神の関係は印形とそれに印をつける蝋との関係に似ている。このような類の人の精神は外側からの完全な押し付け、つまりあれやこれや次々に考えていかなければならず、それらに衝動的な繋がりはもちろん気分的な繋がりを有さない故にその圧迫に苦しむのである。これに反して思索型の頭脳というのは、確かにその瞬間では外部の環境や間近の経験の記憶によって何かしら拘束されることはありつつも、己の衝動に基づいて動いていくのである。つまり近くしている外部の世界は読書とは違い何かしら固定的な考えを精神に押し付けることはなく、その者の性分と現在の気分に適った素材と機会を提供し、それを元にその人は思索するのである。この理由から多読することは精神からあらゆる弾力性を奪い去ってしまうのであり、それはちょうど重圧を発条にずっと加えていると弾力性を失うのと同じである。そのため自分固有の考えというものを持たないためのもっとも確実な方法は、時間が少しでも空いたらすぐにでも本を手にすることである。生まれつき愚鈍で単純であるほとんどの人が学問を積み始めるとこの傾向を強め、彼らの著作も全て失敗に終わるのもこのことを根拠づけるものである。彼らはポープの言葉通りの人なわけだ。「決して読まれないために彼らは読みつづける」（Dunciad. III, 194.）

学者というのは多数の書物を読破した人であり、思索家、いわば天才は、世界に知性の灯火を照らしその進歩を促す者であり、世界という書物を直接読破した人である。

三

根本的に自分の根幹的な思想においてのみ真理の生命が宿るのだ。というのも自分が正しく完全に我が物として理解しているのはそれだけだからである。余所者の本から汲み取った考えというのは、他人の残飯や他人の精神が脱ぎ捨てた古着に過ぎないと言えるだろう。

自分自身の中で育て上げられた考えと余所者の本から汲み取った考えは、いわば春に開花した花と古代の植物が石に残した痕跡のような関係である。

四

読書というのは個人の思索の単なる代用品に過ぎない。読書によって人は別の誰かに思索の誘導を委ねるわけである。そして大抵の本は単にどれほど多くの誤った道のりがあるか、その本に誘導されればどれほどその誤った道のりに進んでしまうのかを示すことくらいしか役に立たないときている。その一方天才、つまり自分で考え、さらに自分の意思で正しく考える者は、正しい道を発見するための羅針盤を有しているのだ。そのため読書というのは自分固有の思索という源泉が尽きたときにのみ行うべきものである。こうしたことが最も優れた頭脳においても十分に起こりうるのは事実だからである。

これに対して、本を手にすることによって自己から湧き出た固有の思想を追い払うことは、神聖なる精神への反逆の罪を犯しているのである。そういった罪を犯す人というのは、植物標本を見たり銅版画の美しい模様を眺めるために屋外の現実の自然から立ち逃げて行くような人に似ている。

その人が多大な労力と長期間かけて自分で考えて推理して獲得した真理や洞察が、全き完璧な形である本に書いてあるのをいとも簡単に見つけ出してしまったということがしばしばあり、落胆するかもしれないが、実際は書いてあることを読むことによって獲得する真理や洞察も自分自身の考えを通して獲得したものの方が何倍もの価値を有するものである。というのもその場合においてのみ、その真理、洞察は我々の思考体系全体において生き生きとした一部として完全に固く結合し首尾一貫した論理として理解されるし、またその場合にその真理、洞察が我々の考え方の体系における色彩、色調、特徴も内包されるようになるからである。さらに、それはその人が欲している時という実に適切な時期において表出されたものであるから、それは当人の中で確固たる位置を占め二度と消え去ることはないだろう。これに関してはゲーテの作品『ファウスト』第一部における次の詩句が完璧に示しているし、むしろより深く説明しているとも言えよう。

お前の先祖たちが残したものは
手中に収めるべくその手で獲得せよ

自ら思索する者は思索した後に二次的なものとして権威の意見を自分の思索のために学び、それは自分の考えの補強として活用するに過ぎない。一方で書籍の哲学者はまず権威の意見を学ぶことから出発し、他人の意見の中から蒐集して全体の体系を形作るのだが、それは余所の素材からかき集めた自動人形みたいなものであり、一方で自分の思索に基づいて形成した体系は生きた人間を創造するようなものである。それは外界から受精して妊娠し、臨月を経て誕生したという実際の人間の生み出された方と似ているのである。

単に他から学んだだけの真理はあたかも義手や義足、入れ歯や蝋の鼻、あるいは他の人の肉を利用した整形手術によってできた鼻として我々にくっついているだけである。一方で自分の思索に基づいて獲得された真理は生きた四肢のようなものであり、それらだけが実際に我々の一部となるのである。自己思索による人との作品と単なる学者との差異はこのことに基づく。自分の思索に基づいた精神的な作品というのは一枚の美しい絵画のようなものであり、それには生命が脈動していて、光と影の配合が正しい形で行われていて、色調も節度があり、色彩の完璧な調和が見受けられるのである。一方で単なる学者の精神的な創作品は色彩豊かで体系的には整っているかもしれないが、調和や整合性や意味合いが欠けている一枚の絵画版なのである。

五

読書はつまり自分の頭で考えるのではなく他人の頭で考えるのである。だが間然としていると言わないまでも、全体的にまとまりを持った思想体系を常に発展させていることを試みている思索にとっては、常に読書をして怒涛の勢いで他人の考えが流れ込んでくることほど有害なものはあるまい。というのも、他人の考えはそのどれもが読み手ではなく別の人の精神から芽生えたものであり、また別の体系に属しているのであり、異なった色彩を帯びているのであり、それら別々のものが一つにまとまり、考えや知識や省察や確信として結合するのではなく、むしろあのバベルの塔における言語の錯乱を頭脳に巻き起こし、そしてそれらでいっぱいになった精神から明晰な洞察を奪い取ってしまい殆ど不随状態に落とし入れるのである。このような状態は多数の学者を見れば明らかであり、彼らが多数の学とは無縁な人に比べて健全な理性や正しい判断や実践的な点での分別において遅れを取るのもこのためである。後者の学とは無縁な人たちは己の経験と対話と少ない読書で集めた僅かな知識を、自分の考えによって支配し自己に組み入れる。このことは同様にして学術的な思考を行う人にも当てはまるのだが、その規模はより一層大きい。だがその人は多数の知識を必要とするので、多数の書物を読まなければならないのだ。そしてその者の精神は獲得した知識を吸収し支配下に置き、己が思考体系に取り入れる程には十二分に強靭なのであり、彼のその常に成長していく壮大な洞察力に基づく有機的な思想体系の下に管理されるのである。あたかもオルガンの通奏低音が如く、彼の固有の思想は常に他の思想を取り込みつつも、それが支配し決して他の音調によってかき消されることはない。だが単に博識なだけという頭脳においてはこれとは事情が逆なのであり、あたかもあらゆる音色がバラバラとした音楽的な断片となって散らばっている状態であり、そこではもはや通奏低音を聞き取ることができない。

六

自分の人生を読書することで過ごし、その知恵も書物から汲み取ってきたという人は、ある国や土地の正確な情報を幾多の旅行記から知ったような状態であると言えるだろう。こういった人々の報告すべき情報は多数あるだろう。だが根本的にはそれらはまとまりがあるというものでもなく、その土地の性質に関しての明瞭で規則的な知識というわけではない。それに反して己の人生を思考することによって過ごしてきた人というのは、実際にその土地で過ごした人物に似ている。彼のみが実際にその土地の本質を捉えているのであり、その土地におけるまとまった情報を持ち、当国の原住民が如く精通していると言えるのである。

七

自分で思索する人と平凡な書籍哲学者は、いわば歴史的事件の直接的な目撃者とその歴史に関する研究者のような関係である。前者の思索する者は事柄に関する個人の直接的な把握に基づいて語るのである。そのため各々の思索家の語ることは立っている見地からくる差異はあるものの、根底的には意見が一致しているのである。だが見地は異なったままで変わらずとも、彼らは皆同じことを語るのである。というのも彼らは自分たちが客観的に把握したことのみを発言するからである。実際に私としても逆説的である故に公表することを躊躇った文があったのだが、その文の内容が古代における偉大な著作家たちがすでに述べているのを発見しては驚きつつも喜ぶようなことがしばしばあった。これに反して書籍哲学者というのは、あの人がこう言ったこの人がこう思った、そして別の人がこう反論した等々というようなことを報告する存在である。彼は各々の意見を比較し検討し批判し、その出来事の真理にある背後に迫ろうとするのである。こういった人は批判的に筆を進めていく歴史記述家に全くそっくりである。それ故に、その者は例えばライプニッツがある時期にしばらくの間スピノザ主義者となったというようなことを調べるのである。このことに関してもの好きな人たちのためにヘルベルト『道徳並びに自然法の分析的解明』と『自由についての書簡』【Herbarts, Analytische Beleuchtung der Moral und des Naturrechts, Briefe über die Freiheit】をこの例として挙げれば実に適切と言えるだろう。

ある思索家がある思想に多大な労力を払うことに不審な驚きを覚えるかもしれない。というのも側から見れば彼はある事物そのものを把握したら少しだけ自分で考えさえすればすぐに事物それ自身という目標へと到達できるかのように見えてしまうからである。だが実際に事はそう簡単ではない。思索するということは我々の意志で恣意的に行えるものではないからである。机に座り読書することはいつでもできる。だが考えるということはそうではない。つまり思想というのは人間と同様なのであり、好きな時に呼べばやってきてくれるというものではなく、それが向こうからやってくるのを待たなければならないわけだ。ある対象についての考察は外界からの動因と内的な気分と緊張と幸運な調和の取れた遭遇が必要であり、そうでありさえすれば思索は勝手に動き出すのである。だがこのことは正しく世間一般の普通の人々には無縁のものである。実際に我々の個人的な利害、関心に関した思考についてすらも同様のことが言えるのは明らかだろう。我々が何かしら決心を下さなければならない事態にある時、好きな時間にそれに取り組み、その本質について熟慮し結論を下すという具合にできるものではない。というのも我々の思考はなかなかその事柄について焦点を当てることができず、他の事柄にも注意がいってしまうものだからである。更にはその事柄に対するその人の嫌気も考えの焦点が定まらないこともしばしばあるのだ。だから我々は無理矢理考えることを強制するのではなく、そういう気分に自然になるまで待つべきである。そういうのは不意に反復してくるものであるが、異なった時間における当人の異なった気分の光をその事柄に照らすことによってまた別の側面が明らかになるわけだ。このようにゆっくりと形成されていくことによって、決心の成熟性をもたらすものであるのだ。というのも取り扱っている事柄は分割する必要があるのであり、それによって見落とされていた観点に後になって気づくことができるのであり、事柄をより明らかに把握することにより、殆どの場合有益な観点もさらに明らかになっていくのであり、それによって事柄への嫌気も無くなるものだからである。

理論的な問題においても適切な時期を待つべきであり、最も偉大な頭脳もまたいつでも自己思索ができるというわけではない。そのためそういった人は残った時間を読書することに割くのが適当であるが、よく言われるように読書という行為は自分で考えるという行為の代用なのであり、他の人が我々のために考えてくれ、精神的な素材をもたらしてくれるものだが、それは著者のやり方から産出された素材であり我々のやり方ではないのである。多読し過ぎてはいけないのはまさにこのことによるものである。多読を避けるのは精神が代わりに思索してくれるのに慣れ、考察している事柄そのものを見失ってしまわないためであり、或いはすでに踏破された道を歩むのに慣れてしまい、他人の思索の道をなぞることばかりするようになり、己の思索の道のりから外れてしまわないためである。曲がりなりにも読書によって現実世界に対する眼差しを向けるのをすっかりやめるようなことはあってはならないことである。というのもこのように外部に目を向けるならば読書によってよりも多くの機会に恵まれ、自分で考えようという気分になるものだからである。というのも具体的なもの現実的なものは自然的な性質そのものであり、生き生きとしている故に思索する精神にとっては絶好の対象というわけであり、精神に深い感銘を容易く与えるからである。このような観点を鑑みれば、思索家と書籍哲学者を見れば容易に区別できるのももっともなことである。思索家は真剣な表情が見受けられ、事柄そのものを直接的に根源的に取り扱っていて、そして彼の表現と思想が全て目撃したことに由来するという体を取る。これに反して書籍哲学者は全て古ぼけたものとして取り扱い、概念もまた色褪せているのであり、買い漁ったような中古品であり、あたかも複製に複製を加えるが如く鮮やかさはなく鈍い代物である。陳腐な決まり文句に一時の流行語からとった型通りに作られた文体は、あたかも正しく異国の貨幣の流通によって成り立っている小国というわけである。というのもその国は自分の力では何一つ鋳造しないからである。

八a

読書と同じく単なる経験も思考を補うには相応しくない。純然たる経験と思索の関係は、食事することと消化し同化することと同じような関係である。もしその経験の発見によって自分だけが人類の知性を促進したのだと自慢するのならば、肉体の生命を維持しているのは自分だけのお陰だ、と口がいい気になっているようなものである。

八b

真に才能を有している頭脳による作品は全て他の平凡な作品から明確に区別される。つまりその断固とした確固たる態度、そしてそれに伴う明確性と明晰性がその特徴である。というのも才分を有していると言える頭脳というのは、その表現方法が散文や詩、或いは音楽にせよ、自分が表現したいことを常に明確に知っていていてあらかじめ定めているからである。残りの凡庸な人々においてはこういった断固たる調子や明晰さが欠けているのであり、そしてまさにこの点においてその凡庸さを見分けることができるわけである。

九

第一級の精神に特有の性質はその者のあらゆる判断における直接性である。つまり彼が抱く思想というのは自分が固有に思索したことからくるものであり、彼のその話しぶりにおいてもそれが表れているのである。第一級の精神というのはいわばドイツ帝国の諸侯のような存在であり、精神の帝国において直属の臣なのである。これに反して凡庸な精神というのは皆地方の領主に隷属しているような存在である。それは彼らの固有的なものの痕跡が何らないその文体からも見て取ることができる。故に全て真の意味での思索者は皆、君主に類似していると言えるだろう。彼は独立した存在であり自分の上に立ついかなる存在も認めない。彼の判断はあたかも君主が決定を下すが如く、自分の絶対的な権力において下されるものであり、他者ではなく自分自身に基づくものである。つまり君主が他人の命令を承認することがないくらいに、彼もまた自分が真と認めたこと以外は決して承認しないのである。だがこれに反してその他の大勢の凡庸な頭脳は、すでに世間に流布しているあらゆる意見や権威や偏見に囚われている状態にあり、あたかも法律と命令に黙々と服従する民衆のようなものである。

一〇

世間の人々は何か議論する際に権威ある言葉を非常な熱意と性急さによって使いたがるものだが、彼らは自分自身が知性と洞察力が欠けているのでその代わりにそういった言葉をその論争において引用できる場合非常に喜ぶときているものである。そういった人というのは無数にいる。セネカも述べるように「誰もが判断することよりも、信じることを好む」わけである。彼らは議論する際に各々権威という武器を選んで望む。そしてお互いその武器で戦うわけだが、たまたまこれに巻き込まれた人が権威なしの論拠と根拠によって身を守ろうとするのは得策とは言えない。というのは対抗する相手である権威という武器を振り翳すのはいわば不死身のジークフリートとでも言うべき存在だからであり、思考力と判断力を麻痺させる川に浸かっているからである。そのため彼らが畏敬の念を抱く論拠として権威を持ち出すわけであり、そしてすぐに勝利の雄叫びをあげるわけだ。

一一

現実という王国では、たとえそこがいかに幸福で美しく優雅であったとしてもその住民である我々が常に重力という影響の下にあるのであり、そのため常にこの重圧に打ち勝つ必要があるのだ。だが精神という王国では肉体がないのであり、重力やその重圧からくる苦しみというものはないわけである。そのため地球上におけるいかなる幸福も、美しく豊かな精神が適切な時期に己の中に見出した幸福に比べれば取るに足らないものである。

一二

ある思想を抱いているのはある恋人を抱いているのと同じである。我々はこの思想を決して忘れることはない、大好きな恋人が自分に対して冷淡になろうとは決して思わないのである。だが目を離せばもういなくなっているときているものだ！どれほど美しい思想も書き留めておかなければ二度と思い出すことがないくらい忘却してしまう危険性があるし、恋人も婚姻によって繋ぎ止めておかなければ自分から去っていくものなのである。

一三

多くの思想は考え抜き、自力で到達した人によってのみ価値を有するものである。少数の思想のみがそれを読んだ人たちの反響や省察を通じて作用し続ける力を有するのである。つまりそれが書き留められた後にも読者たちの関心を惹くだけのものを持っているということである。

一四

だがそういう場合でも本当に価値があるのは、ある人がまずただ自分だけのために考察したというものだけである。つまり思索家というのは次の二種類に分類できる。自分のためにまず思索する人といきなり他人のために思索する人である。前者こそが本物の思索者と言うべきものであり、二重の意味で思索する人である。この者こそが真の哲学者である。なぜならばこの者だけが知を真剣に愛しているからである。つまり彼らの存在の愉悦や幸福は思索することにあるというわけである。

後者の思索家はソフィストである。彼らは他者から思索家と見られることを欲し、そこから名声を得ることに幸福を見出すわけであり、それ故にこういったことに精を注ぐであろう。そしてこの二つのどちらにその人が属するかは、その性分や振舞いを見ればすぐに明らかとなる。リヒテンベルク[xlv]は前者に分類される典型的な人であり、ヘルダー[xlvi]は後者へと分類される。

一五

我々のこの曖昧模糊とした、苦悩的な、儚い夢のような存在についての問題がどれほど大きくどれほど身近なものかと慮れば、そのあまりの重大さと身近さ故にいったんそれの吟味、検討に入れば、他の問題や目的などは全て影に潜むようになり覆われてしまう。だが僅かな稀有な人を除けば、こういった問題は明確に意識せず、それどころか気づきもしないようであり、むしろ彼らはその日や遠くない個人的な将来に目を向けて悩んだりして無為に過ごしているだけである。彼らはこの問題を意図的に無視しているか、或いは何らかの俗世的な形而上学の体系で妥協し、それでどうにか満足しているという具合である。さて私の言うように、このことについてよく検討してみると、人間というのは広い意味で考える被造物に過ぎないという意見を抱くようになるだろう。そうすると無思慮な人間や単純な人間を見てもそれほど奇妙に驚いたりはしなくなるだろう。むしろ平均的な人間の知性的な視野というのは動物、未来も過去も無縁でただ唯一現在だけが存在の全体を成している動物、の視野を確かに凌駕してはいるものの常日頃から思っているほどの絶対的な乖離があるわけでもないということを知るようになる。

会話においてもこのことが示される。殆どの人の思想は藁屑のように極めて短く断片的であり、そこからより長い糸を紡ぎ出すことはできないのである。

もし世界が自分で思索する生き物によって溢れていたならば、あらゆる類の騒音、非常にやかましく無目的な騒音ですらもこれほど無制限に放任されているのはありえないことだろう。

だが自然が人間の本質を思索することに定めていたのならば、自然は人間に耳を備えなかっただろう。或いは少なくともコウモリのように、私はこのことを羨むのだが、空気を通さない密閉用の垂れ蓋を耳に付属させたに違いない。だが実際は他の被造物同様、貧弱な動物なのが人間というもので、その力は単に己の存在を維持していくためにのみ組み立てられており、そのため常に開いた耳を必要としているというわけだ。それによって昼夜に関わらずこちらから意図することなく、追跡者の接近を察知できるようになる。

読書について

一

無知は富と結び付くことにより初めて人を堕落させる。貧しい者は自分の貧窮と苦悩によって支配されている状態にあり、知の代わりに仕事が彼の思考を占有することになる。それに対して富を有しながら無知な者は自分の快楽に基づくように日々を送り、あたかも家畜のような様を呈する。こういったことは日常茶飯事としてみられる。これに加え、最大限の価値を付与しているはずの富と閑暇を活用しなかった点においても非難されるべきなのである。

二

我々が読書する時、他人が我々のために書いてくれている状態にある。読書の際我々は精神上の過程作用を反復しているに過ぎない。習字を学ぶ学生が教師の鉛筆で書いた筆跡をペンでなぞるようなものである。それ故に、我々の思考に注ぐはずの労力の大半が読書によって軽減されるのである。思索を伴う仕事に従事している時から読書へと移る時に、軽やかな気分になるのもこのためである。しかし読書している最中だと我々の頭脳は他所に由来する思考、思想の遊び場に過ぎなくなってしまう。そのため、たくさんの本を殆ど一日読み、読まない時も無思考な娯楽で休息している者は、自分で考えるという能力を次第に喪失していく。常に乗り物に乗っている人は歩行する力を失ってしまう。このことは多くの学者に当て嵌まることである。彼らは多読によって精神的退廃者となったわけだ。少しでも自由な時間ができればすぐに本を手にするという生き方を絶えず続けることは、絶え間ない手仕事や肉体労働よりも精神を無能力にさせてしまうのである。後者の場合はまだ仕事しながら物思いに考え続けることができるからである。バネは他の物体による圧力が絶えずかけられればその弾力性を失う。精神も外部からの思考によって絶え間なく圧迫され続ければ、やはりその弾力性が失われる。多くの栄養物を消化すればそれは胃に害をもたらし、それによって肉体全体も損なわれる。そして精神を精神的な栄養物でいっぱいにして窒息させれば、やはり精神も駄目になるのである。人が本を読めば読むほど、それだけ読む者の精神に思考の痕跡を残さないのだ。彼の精神はあたかも次から次へと言葉が消されずに上書きされていく黒板のようなものとなる。本来は思慮反芻により読んだ内容が本当の意味で読み手のものになるのだが、このような状態はこれとは程遠い。人は絶えず読み続け、それを後々考えることもなく、それ故に精神において根付くこともなく、内容のほとんどが忘却されることとなる。そもそも精神的な栄養分というのは肉体的なものと変わらない。取り入れた量の五十分の一程度しか消化されないものであり、残りは蒸発、呼吸、或いはその他の作用によって消えてしまうのだ。さらに読書の問題点として、紙の上に書かれた思想というのは歩行者がつけた砂の足跡に過ぎないという点である。それを見れば歩行者がどういう風に道を歩んでいったかはわかるだろうが、その途上においてその歩行者が何を見たかについて知るためには、自分の目で直接見なければならないのである。

三 a

作家には固有の文体があるのだが、例えば、説得力、色彩鮮やかな描写力、比較衡量力、大胆不適な筆力、或いは辛辣さ、簡潔さ、優雅さ、或いは軽快な表現力、機知、不意を打つような対照の持ち出し方、素朴さ、純真さ等々の才分があるが、各々の作家の文を読んでみたところで、実際に読み手にそれらが身につくわけではない。とはいえそういった才分を素質や潜在力としてその人が有している場合、読書をすることによって呼び覚ますことができ、それを明確に意識することができるようになる。そしてそういった文体がどのように駆使されてきたのかを学び取り、自分も駆使してみたいという気持ちをいっそう強くさせ、実際に自分も使ってやろうという勇気も授けられることすらもある。或いはその文体の影響を判断し、その正しい使用方法も学び取ることができる。これらを通して初めて、我々は本当の意味で自分のものにしたと言えるのだ。これが読む行為が書く行為を形成する唯一の過程なのであり、このことを要して我々は文体の適切な使用方法を学ぶのであり、それも我々固有の天賦の才に基づいてのみ可能なのである。それ故このような読書方法はその人がこういった天賦の才を持っているという前提を必要条件としている。持っていないのならば読書を通しては、生気のない冷たい手法を獲得し、それを皮相的にだけ模倣すること以外には何も学ばない。

三b

国民の健康管理の担当局は読者の目の保護のために出版業者に注意するべきである。つまり本の印刷活字の大きさは定められた最低水準の大きさはあるべきであり、この水準を満たさない出版社は罰するための法を作るなど、予防策を取るべきである——私が一八一八年にヴェネツィアにいた時、当時はまだヴェネツィアの独特の鎖を精製している者がいた。ある金細工師の話を聞いたのだが、彼によると小さくて細かい鎖を精製する者は三十年で盲目になるということであった。

四

地層には太古の時代の生き物の死骸を適切に分類し、正しい順列によって保管している。図書館における書架も過去の誤謬とそれについての論考も正しい順列で配置されている。それらの誤謬の説も、当時初めて世で主張された時は非常に生き生きとしていて多数の声を張り上げさせたものだが、今ではこわばってしまって化石化して並んでおり、文献学者という古生物学者のみがそれに目を向けるという具合である。

五

ヘロドトスによると、ペルシアの王クセルクセスは自分の完全に見渡すことができないほどの千軍万馬の軍隊に眼差しを向けては泣いたとされる。というのも彼はそれを見て、これらの大軍も百年もすれば誰一人として生きてはいないと考えたからである。同じく、分厚い図書目録に眼差しを向けて、そこに書かれている膨大な本も十年もすれば一冊も生き残ってはいないということに思考を巡らせてみれば、泣きたい思いに駆られない人はいるのだろうか。

六

文学は日常生活と同じである。どうにもならぬ人間の屑みたいな存在とすぐに出あってしまう。そういうゴミのような存在はどこに行っても至るところにいるものであり、夏のハエの如くあらゆるものに群れていてあらゆるものを汚す。だから文学界に生い茂っている雑草が如き無数にある悪書は、麦から栄養分をしゃぶり尽くしていき、ついには麦を枯らしてしまう。そういった悪書は読み手の時間と金と注意を奪う。本来こういったものは良書とその高貴な目的のために向けるのが正しいはずなのだが、金銭や或いは官職の地位欲しさのためだけに書かれた悪書がそれを奪い取っていってしまうのだ。それ故に悪書というものは無用の長物というだけでなく毒も流すのだ。現代において出版されている文学作品のうち九割方は読者から小銭をくすねること以外の目的を持って世に出ることはなく、そしてこの目的のために著作家と出版社と批評家が固く結びついているときている。

文学家たち、つまり生計のために書いたり作品を乱発して出すような現代の著作家たちは高尚な趣味と時代の真の教養に対して、小賢しく嫌悪すべきだが大きな一撃を与えた。そういった作家たちは上流階級の人々の手綱をうまく握ったわけだが、それは常に流行にかなった読書を行うように、つまりいつも皆で同じ新しい作品を読み、社交の際にその話題が提供されるように仕向けたというわけだ。この目的のために最も出来損ないの小説や人気作家によるそれと同レベルの作品、つまりスピンドラー[xlvii]、ブルワー[xlviii]、ウージェーヌ・シュー[xlix]が練習で書いたような作品がお誂え向きとなるのである。しかしこのような本を読むべきと考える一般読者の辿る運命は悲惨である。というのも平凡極まりない頭脳の持ち主が金目当てに書く本が世に次から次へと発刊されていき、それらの大量の作品を彼らは読まなければならないと考えているからである。それに反してあらゆる時代やあらゆる国において稀有で天才的な精神の持ち主によって生み出された作品は、名前さえ知っていれば良いときているのである。特に大衆向けの新聞とはよく思いついたもので、それは趣味の良い読者から本物の作品に割り当てるべき時間を奪い取る巧みな手段であり、そしてその奪い取った時間を平凡な頭脳による毎日のように出てくる駄作に対して向けさせようと企てているのだ。

　そのため、我々が読書する際は読まないで済ませるという技術は非常に重要なものとなる。それは多数の読み手がその本を読むのに勤しんでいる場合でも、自分も合わせるようにしてその本に手を出さないことである。例えば政治的或いは宗教的なパンフレット、小説、詩等の世間に騒ぎを巻き起こし、出版されるや否や増版に増版を重ねるが、一年で消えていくような本がそれであり、手を出してはならない。むしろ馬鹿な奴らに読まれることを前提にして執筆した作品が一番読まれるということに思いを巡らせ、常に読書のために一定の時間を取っておき、それを全ての時代や民族の中から生じた天才的な作品を読むために向けるべきである。これらの作品についてはすでに十分に賞賛されていると言える。こういった天才的な作品だけから教養を汲み取り、実際に学ぶことができるのである。悪書は読まないように気をつけても気をつけすぎることはなく、良書はどれだけ読んでも読み足りないということはない。悪書というのは知性的な毒物であり、精神を腐らせる。というのもその時代の最良の人々を別とすれば、世の人々は常に最新の作品だけを読むのであり、作家の方もその視野が狭い範囲を出ることはなく、新聞も自分の汚い泥沼にずっと深く沈滞し続ける。

七

かつていた偉大な天才たちについて論じられた本が次々に出版されてきて大衆はそれを読むわけだが、その天才たちの作品そのものを彼らは読まない。彼らがそういった作品を読むのはそれが新しく刊行されたという理由に基づくのである。類は友を呼ぶと言われるように、今日の凡庸な輩による浅薄で無味乾燥なおしゃべりの方に偉大な精神の思索よりも親近感を抱き、実際にそれに接する方が彼らにとって居心地がいいのである。私が若い時にA・W・シュレーゲル[1]の美しい警句に運よく出会い、それ以来私の自戒の句としている。つまり「古人を、真に古人と言うべき古人を読むべし。現代の人々が言うことなど大した意味もなし」。ああ、平凡な頭脳というのはどうして互いにこれほど似たり寄ったりなのか！あたかも一つの型から鋳造されたようだ。同じ出来事に遭遇すれば彼らは同じようなことを思い浮かべ、他のことなど脳裏にも浮かばない！そして誰もが卑しい個人的な利益を企んでいる。そして愚かな大衆はこういった輩による低俗な文章を読み、それは新たに刊行されればすぐに飛びつき、偉大な精神による書物は書架の上に放っておくのだ。大衆の愚かさと倒錯性は話にならぬほどであり、全ての時代と土地のあらゆる分野における最も高貴で稀有な精神は読まれぬまま放っておかれ、平凡な頭脳が次々と出してきてハエのように集っている、下らぬ三文書物には殺到して読むのだ。そしてなぜそれらを読むのかというと今日刊行されたからで、インクの跡もまだ新鮮だからというわけである。このような書物など刊行してしばらくすればすぐに忘れ去られるか軽蔑の的とされ、数年も経てば過去の戯言として嘲笑する単なる的という立ち位置に堕するのである。

八

どの時代にも二種類の文学があり、それらはお互い無縁な関係のまま並行して進んでいく。片方が真実の文学であり、もう片方は単なる見せかけの文学である。前者のみがその後も文学として存続し続ける。それは学問のために或いは詩のために在命の人々によって営まれ、静かに厳粛とした歩みであるが極めてゆっくりとした足取りである。そのため一世紀においてヨーロッパで一ダースの作品ができるかできないかといった具合である。しかしその作品はその後も持続する。もう片方の見せかけの文学は人々や学問や詩によって営まれるが、早い足取りで当事者たちの大きな喧騒や怒号の下で進んでいく。そして毎年数千の作品を市場にもたらすのである。しかし数年もすれば人は尋ねるようになる。あの作品はどこに行った。あれだけの賞賛を早くからもたらしたのにどこに行ったんだ？　このため見せかけの文学の方を駆け抜ける文学、そして真の文学を留まる文学とも呼称することができるだろう。

九

本を買うのもそれを読むための時間も同時に手に入れられればいいことなのだろうが、多くの人は大抵の場合に本の購入とその内容を我が物をすることとを取り違えるのである。

読み終えたものを全て自分のものとしようと思うのは、その人が摂取した食べ物全てを自分の体内に留めたいと願うようなものである。その人間が今まで食べものにより肉体的に生き、そして精神的に生き、それによって今の自分があるというのは確かにそうである。しかし肉体は自分の肉体に適合するものと同化するのである。同様にして精神上も自分の興味あるもの、つまり自分の思想体系あるいは目的と適合するものを留めようとするのである。後者の目的の方は、もちろん全員が有しているものである。だが思想体系あるいはそれらしきものを有している人というのはほんの僅かである。そのため、ほとんどの人は客観的な興味というものを持たず、したがって読んだものもそのままの形で精神上に残らないのである。

良書を読むための条件は悪書を読まないことである。というのも人生は短いもので、時間と能力には限りがあるからである。

反復は学習の母である。重要な本ならそれが何であれ二回読むべきである。というのも再読することにより、取り扱われている事柄全体における相互の関連性をより正確に把握できるし、結末部を知っていれば導入部もまた正しく理解するからである。またどの箇所も再読の場合だとまた別の気分で読むことになり、最初に読んだ時とはまた異なった印象を受けることになり、一つの対象が違った側面で照らされているのを見るわけである。

作品は著者の精神の真髄である。そのため、著者がどれほど偉大であろうともその作品は彼の実生活事情に比べて比較にならぬほどに豊穣なものであり、それだけでなく大きく凌駕しさえして生活事情は霞んでしまう。平凡な頭脳による作品ですら教訓を汲み取り、読む価値があり読んでいて面白いこともあるのだ。それが彼の真髄なのであり、彼の思考と学びの全ての結果であり果実なのである。一方でその人の実生活事情は我々にとって全然面白くないこともあるのだ。だから、その人との交際とかが何も面白くなくても、その人の本を読むこともできたりするし、それによって高い精神的教養がその人において次第に高まっていけば、その人自身についていては何も面白みは見出せず、その人の本にのみ楽しみを感じるようになる。

精神のための清涼剤において、古代ギリシアとローマの作品を読むことほど効果が抜群なものはない。そのうちのどれか一冊でも三十分でも手に取ってみれば、自分が癒やされていき、軽やかになっていき、清らかになり、高揚し強くなっていくのがすぐに感じられるだろう。喉が渇いた放浪者が岩の隙間にある清流から水を汲み取り、渇きを癒す心地よさがまさにそれなのだ。これは古代語とその完全性所以のものだろうか、それとも千年の時の流れがあるのに傷つけられたり衰えたりすることのない作品を生み出した作者の偉大な精神所以だろうか。もしかすると両方かもしれない。しかし私はこの古代語の学習がいつかは廃止されてしまうのではないかと危惧しており、すると新たな文学が到来するわけだが、それは前例がないほどに野蛮で低俗で無価値な作品群かも知れないのだ。実際のところドイツ語は古代語の完全性を多少は有しているのであり、これが現代の無能な著作家によって集団的に熱心に破壊されていき、退廃不具的になっていき、ドイツ語が惨めな言語に堕しているのも私の危惧を裏付けている。

一〇

歴史には二種類ある。政治の歴史と、文学と芸術の歴史である。前者は意志の歴史ともいえ、後者は知性の歴史と言える。そのため前者は徹頭徹尾不安が蔓延っており、恐怖すらも引き起こす。苦悩、困窮、欺瞞、恐るべき殺人が大量にある。後者の知性の方は孤独な賢者のように全体が喜びと朗らかさでいっぱいであり、たとえそれが迷路のように錯綜しているときでもそうである。文学史の中でも最大の分野は哲学史である。これこそが文学史の通奏低音というべきものであり、別の歴史においてすらもその音調が鳴り渡り、その意見を根底から導いていく。哲学というのは本当の意味での世界の支配者なのである。これ故に、哲学は世界でも最も強力な権力であるというのが正しい理解である。とはいえその支配作用の歩みは極めてゆっくりである。

政治の歴史においてはある半世紀だけでも著しい激動を見せる。というのも政治史においてはその素材が絶えず移り変わってゆくからであり、必ず何かが起きるからである。これに反して文学の歴史では同じ半世紀間では何も重要視されるべきものがないことが頻繁にある。というのも何も生じないからである。なぜならば文学史は取るに足らぬ作品などなんら問題にしないからである。そのため五十年前と今とで文学史に何ら変化がなくても不思議ではない。

このことをより明確にするためには、人類の認識の進歩について天体の軌道に擬えるといいだろう。著しい進歩を遂げた後だとほとんどの場合同じような迷路へと入り込む。これはいわばプトレマイオスの周転円に当たるのであり、どこから走ろうとも最終的には走行の開始地点へと戻ってしまうのである。偉大な天才はしかしながら、その天体の軌道を正しい方向に導かせ、その人は決して周転円に迷い込むことはない。ここから、なぜこういった天才は同時代の人から拍手喝采されず不当に取り扱われ、ほとんどの場合後世の人々の賞賛によってその償いがなされるかが明らかになり、凡才だとその逆になるというわけである。このような周転円は例えばフィヒテとシェリングが手をつけ、最終的にヘーゲル的な劇画によって完成した哲学が該当すると言えるだろう。周転円から外れ正しい本来の軌道を延長させたのは最近ではカントであるが、私はさらにその軌道上に乗りそれを延長させようと試みたのであった。カントと私との間の時期に、前述した偽物の哲学者とそれに付随するその他の哲学者がこの周転円をちょうど完成させた。それによってその周転円上の軌道を一緒に走っている大衆たちは、自分たちが出発地点へと走り戻ったことという滑稽な状態にあるというわけだ。

このようなことから、学問的、文学的、そして芸術的な時代精神がおよそ三十年ごとに破産宣告される原因もわかる。この三十年間において、その時代に流布していた誤謬が相当強まり、その馬鹿馬鹿しい不合理さという重圧から崩壊し、またその誤謬に対する反対勢力も相応に強くなっているのである。結局その誤謬は打ち倒される。しかしその反対勢力も誤謬としてまた同様に強まっていく。こういった事物の定期的な回帰現象について具体的に考察することは、文学史において非常に有益な事柄になるだろう。だがこのようなことが省みられたことはあまりなく、また三十年という期間が比較的短く過ぎ去った時代の資料を集めるのは大抵は困難であるときている。だからこの件について、自分の時代を考察することが一番容易になる。もしこのことの事例を経験科学から引っ張り出そうとするのなら、ウェルナー[li]の岩石水成論を取り上げるのが良いだろう。しかし私はすでに上述した例で考察していきたい。ドイツ哲学においてカントの燦然たる時代から続いたのは、哲学者たちが人々に対して説得するのではなく自分たちを畏怖させようと努めた時代である。徹底的で明晰な哲学ではなく、絢爛で誇張じみていてそれでいて理解し難いような代物を持ち出したのである。それだけでなく真理を探究するのではなく奸計するようになったのである。そのため哲学は何ら進歩できなかった。そしてついにこの学派と方法は破産を迎えた。というのもヘーゲルとその取り巻きたちは無意味なことをぞんざいに不羨に書き上げる一方、恥知らずな自画自賛を行ったのだ。そして人目につくような演技じみた活動があまりにも巨大になってしまったため、ついには皆がそのペテン師じみた行いを見抜くようになり、その本質が明らかになるや否や庇護者からの擁護も完全に剥奪され、ついには口で罵詈雑言を投げつけられるようになった。フィヒテとシェリングの哲学はこれら哲学史上でも類を見ないほどの惨めで偽物の哲学群の先駆的な存在であったが、彼らの後継者によって彼らもまた不信任の奈落へと突き落とされた。このようにしてカント以後のドイツ哲学における最初の半世紀の全くの無能っぷりが白日の下に晒されたのだが、それなのにドイツ人は自国の哲学的な才を外国に対して誇る始末である。特にあるイギリスの作家がドイツを思索する民族と呼んで以来この傾向は甚だしいが、実際はこれは悪意のある皮肉だったというわけである。

ここで述べた周転円の一般的な図式を芸術史においても適用したいならば、彫刻家ベルニーニ[lii]の流派を考察するといいだろう。この流派は十八世紀にすでに栄えており、特にフランスではその繁栄は著しいのだが、この流派は古典的な美しさではなく通俗的なものしか描いておらず、さらに古典的な素朴さや優美さではなくフランス風の軽快なメヌエット調のものしか描いていないのだ。古典へ帰れというヴィンケルマン[liii]の批判指導の成功によりこの流派は崩壊することとなる。絵画をこの周転円に当てはめる場合、十九世紀の最初の二十五年においても同様のことが見受けられる。つまり絵画は中世的な信仰心を表現するための単なる手段と道具としてみなすべきだとする流派が台頭してきて、彼らは教会的な非難を彼らの一般的なテーマとして取り入れたわけだが、彼らはいざ絵画の制作に取り掛かっても信仰の真実の熱意というものが欠けているわけであった。それでもその妄想に固執し、フランチェスコ・フランチャ[liv]、ピエトロ・ペルジーノ[lv]、アンジェロ・ダ・フィエゾーレ[lvi]等々を己の作品の手本とした。それだけでなく、これらの凡庸な画家たちをその後台頭してきた本当の意味での巨匠たちよりも高く評価したのである。こういった迷走と関連して、詩の分野においても似たような勢力が台頭してきて故に、ゲーテは『坊主遊び』【pfaffenspiel】という寓話を書いた。この流派もまた荒唐無稽であるのが明らかになって破綻し、そのあとは自然に帰れという運動が続いたのであった。時折通俗的に走るきらいがあったが、その運動は風俗画や世態画においてよく表れている。

ここで描写した人類の進歩と一致するのが文学史であり、その大部分の実態は奇形児の陳列部屋と言っていいだろう。これを長く保存するために使用するアルコールは豚の臭いが蔓延している。しかしごく少数の優れた形で出生した文学作品はわざわざ探す必要はない。それらは永遠の瑞々しい若さを保ったまま生命を脈打っており、不滅であるが如く世界のどこでも見つけ出せる。私が前述した真の意味での文学とはこういったものだけである。それらはわざわざハンドブック等を参照せずとも、若い時から教養ある人々の口から聞くので彼らの名前を覚えているのである。今日では誰もが狂ったように文学史を読もうとしているが、それはおしゃべりの話題としてであって決して何かを本当に知るためではない。私はリヒテンベルクの著作の第二巻三〇二ページ（旧版）にある一節を特に読む価値のある最大級のものとしておすすめしたい。

しかし私はある人が悲劇的な文学史を描くのを願っている。そこでは多数の国家のどれもが自国の偉大な作家や芸術家に最大限の誇りを抱くが、実際にこの偉大な人々が在命中に同国民にどう取り扱われたかをまず描写する。そしてそこで全時代と国家の善と真が常に支配的である悪と偽に対して行った終わりなき戦いを読み手の前で展開させ、そして作家にせよ藝術家にせよほとんど全ての偉大な巨匠たちや人類の真なる灯火としての存在者たちが殉じた様を描いていく。それらの人物たちが、僅かな例外を除けば知られることもなく関心も払われず、弟子も一人もなく、貧窮と悲惨の苦しみの中にあって、同じ分野の取るに足らぬ人たちが賞賛と尊敬と富をせしめていく場面を繰り広げていく。

エサウが父のために狩りをして獲物を捕獲している間に、ヤコブが兄の服装で変装して自宅で父の祝福をくすねた話があるが、[lvii] 天才はいわばこのエサウの運命を辿っていくこととなる。エサウは父からの祝福を奪い取られたのであった。しかし同様に私としては最終的には、愛の神が彼ら天才の境遇と努力のために正当に評価し、このような人類の教育者たちの厳しい闘争もついには終わり、不死なる月桂樹が彼らを手招きし、彼らへの祝福を示す時の鐘が鳴り響くのだ。

重たき鎧も翼の衣となり
痛みも短く、喜びは永遠

【注】

i （編集部注）Geplante Einleitung：底本では全ての「論技」が終わった後に置かれているが、本文の訳注ではここが正しい始まりだと指摘されていることに加え、訳者の判断で読解の上で最初に置いたほうがよいと判断し、この位置に置いた。

ii （編集部注）*logizesthe* / *logizesthai*

iii （編集部注）*dialegesthe* / *dialegesthai*

iv （編集部注）*dialektiki* / *dialektike*

v （編集部注）*dialektiki pragmatia* / *dialektike pragmateia*

vi （編集部注）*dialektikos anir* / *dialektikos aner*

vii （編集部注）*ta dialektika*/ *ta dialektika*

viii （編集部注）Laurentius Valla（1407-1457）: Laurentius はラテン語風の表記。十五世紀に活躍した人文主義者であり古典学者。『コンスタンティヌスの寄進状』を偽書と指摘したり多大な権威を有していたウルガタ聖書の誤りを指摘するなど、文献学上極めて大きな功績を残した。

ix （編集部注）*logiki* / *logike*

x （編集部注）*logikas dyschereias*

xi （編集部注）*protasin logikin* / *protasin logiken*

xii （編集部注）*aporian logikin* / *aporian logiken*

xiii （編集部注）Marcus Fabius Quintilianus（35?-100?）：ヒスパニア地方出身の修辞学者。大著『弁論

家の教育』（Institutio Oratoria）で知られており、修辞学の理論と実践の両面で極めて重要である。

xiv （編集部注）キケローの『アカデミカ』（Academica）に収録された、前四五年頃に執筆された対話篇。なおルクルスは、共和政ローマの政治家であって軍人であり、スラの支援者でもあったルキウス・リキニウス・ルクルス（Lucius Licinius Lucullus, 前118－前56）を指す。

xv （編集部注）*logizesthe* / *logizesthai*

xvi （編集部注）*logos* / *logos*

xvii （編集部注）*dialegesthe* / *dialegesthai*

xviii （編集部注）すなわち、「自分の利益のため」の意である。

xix （編集部注）*doxa* / *doxa*

xx （編集部注）*idion* / *idion*

xxi （編集部注）*kataskevazin* / *kataskeyazein*

xxii （編集部注）*anaskevazin* / *anaskeyazein*

xxiii （編集部注）*topos* / *topos*

xxiv （編集部注）*topi* / *topoi*

xxv （編集部注）*antikimenon* / *antikeimenon*

xxvi （編集部注）「性格に由来する」を意味する。

xxvii （編集部注）Die Kunst, recht zu behalten：本翻訳『負けない方法』の原題であり、より原文に沿って翻訳すれば「正しいと見せかける論技」となる。

【注】

xxviii （編集部注）*en ytho i alithia* / *en bythoi he aletheia*

xxix （編集部注）*enstasis* / *enstasis*

xxx （編集部注）「議論の立ち位置」の意。

xxxi （編集部注）文脈に則すと「即座に異議申し立て」の意。

xxxii （編集部注）Jean-Baptiste Lamarck（1744-1829）：フランスの博物学者であり、一八〇九年に『動物哲学』を著し、進化論的な「用不用説」と唱えたとされる。

xxxiii （編集部注）*kata ti* / *kata ti*

xxxiv （編集部注）*aplos* / *apolos*

xxxv （編集部注）*epagpogi* / *epagoge*

xxxvi （編集部注）*apagogi* / *apagoge*

xxxvii （編集部注）*enstasis* / *enstasis*

xxxviii （編集部注）*a men pollis doki tafta ye ine phamen* / *a men pollois dokei tauta ge einai phamen*

xxxix （編集部注）*tis pollis polla* / *tois pollois polla dokei*

xl （編集部注）Arianismus：アレクサンドリアの司祭であるアリウスによって提唱された説。父、子、聖霊の三位一体説を否定し、ニケア公会議にて異端とされた。

xli （編集部注）Pelagianismus：五世紀にローマの修道士ペラギウスによって提唱された主張。神は人間を善なるものとして創造し、神からの恩恵は不要であり、功徳によって救いを得られるという趣旨であり、異端とされた。

xlii （編集部注）Brownianismus：十八世紀スコットランドの医師ジョン・ブラウンが提唱した医療体系。刺激に対する感応性によって健康と病気を理解し、体調の異常に対してアルコールとアヘンにより対応するといった内容であった。

xliii （編集部注）Oliver Goldsmith（1730-1774）：十八世紀イギリスの小説家。レノルズとサミュエル・ジョンソンが設立した文学クラブ「ザ・クラブ」の創設会員であった。主著『ウェークフィールドの牧師』はゲーテに「小説の鑑」と評された。

xliv （編集部注）*pataxon men, akouson de / pataxon men, akouson de*

xlv （編集部注）Georg Christoph Lichtenberg（1742-1799）：十八世紀ドイツの科学者、風刺家。科学者として実験物理学の第一人者となり、電気の研究を行った。生前に感銘を受けたことなどを書き溜めていたノートがあり、死後遺族によって出版された。

xlvi （編集部注）Johann Gottfried von Herder（1744-1803）：高橋昌久氏による翻訳「マテーシス古典翻訳シリーズⅢ」の『人間形成に関する私なりの歴史哲学』（二〇二一年小社刊）の本文並びに解説参照。

xlvii （編集部注）Karl Spindler（1796-1855）：十九世紀ドイツの作家。筆が早く、多くのエンターテイメント作品を残した大衆文学家であった。戯曲も多く書き、ジャーナリストとしても活躍していた。

xlviii （編集部注）Edward George Earle Lytton Bulwer-Lytton（1803-1873）：十九世紀イギリスの小説家、劇作家。戯曲『リシュリュー』における「ペンは剣よりも強し」が現代においても有名。また小説としては『ポンペイ最後の日』が著名である。

【注】

xlix（編集部注）Eugen Sue（1804-1857）：十九世紀フランスの小説家。一八四二年から四三年に新聞で連載した『パリの秘密』が人気を博した大衆作家として知られる。

l（編集部注）August Wilhelm von Schlegel（1767-1845）：十九世紀ドイツの文学者。シェイクスピアの翻訳や東洋思想の移入に貢献した。弟のフリードリヒとともにロマン主義哲学者としても活躍した。

li（編集部注）Abraham Gottlob Werner（1749-1817）：十八世紀ドイツの地質学者。鉱物分類法の基礎を築き、鉱物学に学術用語などを援用した。また、岩石はすべて海洋の堆積物に由来するとする水成論を主張した。

lii（編集部注）Gian Lorenzo Bernini（1598-1680）：十七世紀イタリアの彫刻家。教皇のもとさまざまな彫刻作品や建築の作成にいそしんだ。

liii（編集部注）Johann Joachim Winckelmann（1717-1768）：十八世紀ドイツの美術史家。古代の芸術を称賛し、新古典主義の理論的支柱となった。

liv（編集部注）Francesco Francia（1450 頃 -1517）：十五世紀から十六世紀イタリアの画家。『キリストの洗礼』などの絵によって知られている。

lv（編集部注）Perugino（1448 頃 -1523）：十五世紀から十六世紀イタリアの画家。ピエトロは彼の本名に基づく。ルネサンス期の画家の一人であり、『マグダラのマリア』などの作品がある。

lvi（編集部注）Fra' Angelico（1390?-1455）：原文では Angelo da Fiesole。天主教教会により福者に認定された初期ルネサンス期のイタリア人画家。

lvii

（編集部注）『旧約聖書』創世記二七章一四節から二九節における逸話。

エピロゴス

ソクラテス：討論というのは、君は果たして意味あるものだと思うかね。

マテーシス：うーん、やっぱり意味あるものではないでしょうか。やはりお互いの意見を出し合うわけですからね。

ソ：そう言われるとその通りというわけなのだが、しかし私は討論というのはそこまで重要なものだとは思わないね。まあ、まったく必要ないものだとも思わないがね。

マ：それは何故でしょう。

ソ：理由はいろいろとあるが、何より必ずしも真理を有している側が勝つとは限らないからだ。つまり片方側に真理が明らかにあるとしても、それを相手側が受け入れるとは限らないからね。その原因は相手側の無理解にあることもあれば、さらによりたちが悪いことにプライドが許さず、深層部分では自分の非があることはわかっていても、それを頑なに認めようとしない。そうなるともうお手上げだ。どれだけ正確に理詰めで説明しても、いやむしろ理詰めで説明すればするほど、相手は断固として否定して、より一層声を荒げることになるだろう。

マ：まあ確かにそうですね。

ソ：基本的に討論においては、どちらが正しいか、よりもどちらの押しが強いか、どちらの口調が強いか、の方が重要になってしまう。だからまずは相手を選ばなければならないわけだ。

マ：どのような相手が良いのでしょう。

ソ：一つは自分と対等であること。特に何か専門的な事柄における討論の場合、その専門知識の量がお互いある程度拮抗してなければならない。ましてや門外漢と議論するなどというのは問題外というわけさ。

マ：それはそうでしょうね。

ソ：そして何よりも肝要なのは、自分の主張が間違っていると判断したら、自分の論を撤回するだけの心の広さを持っていなければならない。つまり討論においては単に知性的な面だけが重要というわけではない。むしろ道徳性も重要ということになる。相応の道徳性を持っていなければ、真理かどうかは副次的なものとなり、相手を叩きのめすことにやっきになることに主眼を置くようになってしまうからね。

マ：はい、確かにそういったケースもかなりありますね。私も目撃したことがあります。

ソ：ただまあこの「相応の道徳性」とやらを持つのは想像以上に難しいみたいだ。というのも、無教養な人は勿論のこと、相応に道徳性を持っている人間ですら自分の論が否定されたら声を荒げたり無礼な振る舞いをしてくることもあるからね。

マ：はい、確かにそうですね。

ソ：そもそも討論自体に意味あるのか、ということについてだが、まず討論する内容というのは次の二つに分けられるのではないかと思う。一つは理論面、もう一つは実践面。

マ：それらは具体的にどう違うのでしょうか。

ソ：理論面というのは学者などが行うものさ。数学的なもの、論理学的なもの、哲学的なもの、まあそういった紙の上で記すようなことについて討論すること。まあ我々もその一員であるがね。

マ：はい。

ソ：もう一つは実践面に関する討論だ。つまり何か会社を経営していて、今後どういった戦略をとっていくか、戦争などにおいてどういった軍事的な戦略をとるか、いわばどのような行動を起こすのかに関する討論だ。

マ：なるほど。

ソ：とりあえず後者の実践面での討論に関して考えるとするならば、これはあまり意味がないものだと言ってよいのではないかね。

マ：それは何故でしょう。

ソ：要するにこれらは未来のことに関して議論するわけさ。経営にしろ、戦争にしろ、それはチェスのような遊戯と一緒で、自分だけでなく相手側の行動も絡んでくる。相手側がどのような行動をとるかなどというものは分かったものではない。臨機応変に対応していかなければならない。だからいちいち議論していたってわかるものでもない。どんな不確定要素が現れるかなんて分かったものじゃないからね。むしろ迅速に行動に移し、適宜判断していくのが正しいというわけさ。

マ：確かにそうですね。では理論面はどうなのでしょう。

ソ：ふむ。これに関してはそれなりに討論する意味のあるものだとは思うね。実践面の時ほどは、不確定要素はそんなに大きくないからね。

マ：そうですね。

ソ：とはいえ、先程も述べたように相手は相応の専門的知識と相応の道徳性を持っていなければばならないね。何せ専門的な討論であり、各々の専門家は各自、相応の自負心を持っているからね。ふとした弾みで大げんかになることもあり得るからだ。

マ：はい。

ソ：まあ理論的な面での討論の重要性を私は認めるのだが、それでも私自身としてはあまりそういった討論をやりたいとは思わないね。

マ：それは何故でしょう。

ソ：それはなんというか他人を巻き込みたくない、と言えばいいのかな、自分だけで完結しておきたいからさ。

マ：といいますと、どういうことでしょう。

ソ：真理か誤謬かの二者択一で断定できる物事は、無論ゼロではないが、少数だ。むしろ大抵の意見というのは真理と誤謬、割合はともかくそれぞれが混じっているものだ。だから思想というのは、間違っているか正しいかではなく、どのくらい正しいか、もっと言うならどのくらい深いか、ということだ。

マ：なるほど。

ソ：私の持っている思想や哲学も間違っているのかもしれない。しかし冷静に考えてみてほしい。哲学史に名を残す偉人もまた多くは誤謬からは免れてはいなかった。だから私の場合も十分にそうなることはあり得る。だったらできるだけ他人の意見に惑わされず、自分だけの思想、いわば自分らしさというものを残しておきたいとも思うのだ。それに討論したところで、相手の意見だってやはり誤謬でないという確証はどこにもないわけだからね。

マ：はい、おっしゃる通りです。

ソ：とはいえ、このことに矛盾を秘めていることも私承知しているよ。というのも他人や外側の世界、要するに自分以外からなんら影響を受けないなんていうことはあり得ないからね。この世に生まれ、育ち、生活するならば、我々は他から多かれ少なかれ影響を受ける。だからそういったものから完全に免れた思想などというものはあり得ない。換言するのならば、完全な

「自分らしい」哲学というのはあり得ないわけさ。

マ：はい、そうですね。

ソ：まあそれならそれで構わないさ。そして私の哲学に誤謬があったとしても、それもそれで構わない。また誰かが見つけて訂正してくれるだろう。私はもう十分に生きたのだ。これから先は、私はあまり他者に惑わされたくない。ただ自分らしさを見つけていきたい。その評価はまあ誰かがやってくれるだろう。

訳者紹介
高橋 昌久（たかはし・まさひさ）
哲学者。
Twitter: @mathesisu

カバーデザイン　川端 美幸（かわばた・みゆき）
e-mail: bacxh0827.miyukinp@gmail.com

負けない方法、他二編

2024年2月9日　第1刷発行

著　者　アルトゥール・ショーペンハウアー
訳　者　高橋昌久
発行人　大杉　剛
発行所　株式会社 風詠社
〒553-0001　大阪市福島区海老江 5-2-2
大拓ビル 5 - 7 階
Tel 06（6136）8657　https://fueisha.com/
発売元　株式会社 星雲社
（共同出版社・流通責任出版社）
〒112-0005　東京都文京区水道 1-3-30
Tel 03（3868）3275
印刷・製本　小野高速印刷株式会社

ISBN978-4-434-33025-4 C0098

料金受取人払郵便

大阪北局
承　認

1635

差出有効期間
2025 年 1 月
31日まで

（切手不要）

郵便はがき

553-8790

018

大阪市福島区海老江5-2-2-710

㈱風詠社

愛読者カード係 行

ふりがな お名前			大正　昭和 平成　令和　　年生　　歳	
ふりがな ご住所	□□□-□□□□			性別 男・女
お電話 番　号		ご職業		
E-mail				
書　名				
お買上 書　店	都道 府県　　市区 郡	書店名	書店	
		ご購入日	年　　月　　日	

本書をお買い求めになった動機は？
1. 書店店頭で見て　　2. インターネット書店で見て
3. 知人にすすめられて　　4. ホームページを見て
5. 広告、記事（新聞、雑誌、ポスター等）を見て（新聞、雑誌名　　　　）

風詠社の本をお買い求めいただき誠にありがとうございます。
この愛読者カードは小社出版の企画等に役立たせていただきます。

本書についてのご意見、ご感想をお聞かせください。 ①内容について
②カバー、タイトル、帯について
弊社、及び弊社刊行物に対するご意見、ご感想をお聞かせください。
最近読んでおもしろかった本やこれから読んでみたい本をお教えください。

ご購読雑誌（複数可）	ご購読新聞 新聞

ご協力ありがとうございました。

※お客様の個人情報は、小社からの連絡のみに使用します。社外に提供することは一切ありません。